万年中国

中华文明的起源与形成

冯时 等——著

中国出版集团 东方出版中心

图书在版编目（CIP）数据

万年中国：中华文明的起源与形成 / 冯时等著. ——
上海：东方出版中心, 2023.8
　ISBN 978-7-5473-2246-8

　Ⅰ.①万… Ⅱ.①冯… Ⅲ.①文化起源（考古）-研究-中国
Ⅳ.①K871.04

中国国家版本馆CIP数据核字（2023）第147289号

万年中国——中华文明的起源与形成

著　　者　冯　时　等
责任编辑　陈明晓　万　骏
装帧设计　钟　颖

出 版 人　陈义望
出版发行　东方出版中心有限公司
地　　址　上海市仙霞路345号
邮政编码　200336
电　　话　021-62417400
印 刷 者　上海颛辉印刷厂有限公司

开　　本　890mm×1240mm　1/32
印　　张　10
字　　数　154千字
版　　次　2023年8月第1版
印　　次　2023年8月第1次印刷
定　　价　68.00元

文汇讲堂工作室　澎湃研究所　组编

主编：李　念

成员：童毅影　杨新茹　金　梦　吴英燕　平渊海

序 一

文化自信是道路自信、理论自信、制度自信之源。一国之民众如果能如数家珍地说出本国的历史甚至史前史，比如中国在近万年前已开始稻米种植，九千年前已制造出能吹七个音符的骨笛，八千年前已能制独木舟，六千年前西坡墓葬里已呈现出对北斗天象的认知，五千年前良渚已进入早期文明，等等，那么，这些文明研究的成果就会真正成为家喻户晓的知识，成为增强文化自信的源泉。

进入新世纪以来，中国考古界获得丰硕成果，中华文明探源工程研究也取得重要进展。学界面临的任务，是要使这些成果为世人所知晓。欲达此目的，需要考古人和媒体人共同努力，面向公众宣传普及。《文汇报》主办的文汇讲堂"中华文明起源与形成跨年四讲"便是有效的公众普及活动之一。在去年11月至今年1月活动举办之际，我便从负责人李念女士那里陆续听闻了听众的踊跃、形式的丰富，活动穿插了骨笛演奏、文物文创产品赠送和听众自测环节，可谓"有声有色"，当然，这也得益于所选学者演讲的专业和生动。现在演讲内容又很快整理成书稿，即将出版，按约定我要为书稿写个序，于是欣然提笔。

书稿的文字和图片，充分体现了见物、见史、见人三个方面。

考古以实物说话，这四次讲座共有十二位学者参与，有八个考古遗址的具体展开，每个考古遗址都是新世纪以来取得重要进展的典型地点，每个遗址也都有代表性遗物，充分展现了考古的特点。这是见物。而由这些演讲，更能见史。文汇讲堂截取了距今1万年到4000年这段史前史，将四期讲座设计成中华文明起源与形成的不同阶段，8000年为起源，5000年为形成，4000年为特点凸显，这与2002年开始的中华文明探源工程成果相呼应。至于见人，则有两层含义，我们不仅能从这些演讲中看到古人的智慧，同时也能看到当代考古人的风采。讲座邀请了八个遗址的考古队队长来主讲，他们大都在工程的某一阶段发挥了关键作用，他们的讲述更富有情感和体验。而中国科学院研究古气候学的科学家和考古理论界的领军学者，让整个论述更为立体全面。因此，这个系列讲座颇为精准地传递了考古界的最新成果。

2021 年是中国现代考古诞生 100 周年；2022 年是中华文明探源工程启动 20 周年，如今，工程已经进入了第五个阶段，我和北京大学的赵辉教授负责了前四个阶段。

前期阶段性重要成果之一是提出了判断进入文明社会的中国方案。这个方案冲破了国际上长期流行的"文明三要素"（冶金术、文字、城市）之说的桎梏。"三要素"说主要依据西方学界早期在两河流域及埃及的考古研究成果概括而出，有一定的局限性，实际上，中华早期文明、印加文明就没有产生文字，而玛雅文明没有冶金术，可见，"三要素"并非放之四海而皆准的。通过中国考古的实践，兼顾其他文明的特点，我们提出，文明是人类文化和社会发展的高级阶段，这一阶段在生产力发展的基础上，人口增加，出现城市；社会分工和社会分化不断加剧，出现阶级；权力不断强化，出现王权和国家。其中，国家的出现是文明社会最主要的标志，这也是坚持了历史唯物主义的基本观点。

在没有文字记载的情况下，如何判定出现了阶级、王权和国家呢？我们认为，阶级、王权和国家的出现是会在考古遗存中有所反映的，是会有特殊的表现或特征的：第一是一个规模巨大的都城的出现，它是需要大量人力筹建的政治、经济、文化中心；第二是规模大、筑造精良的宫殿或神庙；第三是规模大、随葬品丰富的大墓；第四是礼器，彰显权贵阶层身份的标志或制度；第五是战争和暴力，体现为宽大的壕沟、高大的城墙、武器随葬、地位低的人为身份尊贵者殉葬等。这一新的标准不仅基于中国考古学的大量发现与丰富例证，将国际社会对中国文明仅有 3 300 年的认知局限扩展至 5 000 多年，而且也适用于国际上的其他原生文明。

第二个成果是概括了中华文明起源、形成、发展的历史脉络。具体而言，将文明分成起源与形成两个阶段，距今万年奠基，八千年起源，六千年加速，五千多年进入（文明社会），四千三百年中原崛起，四千年王朝建立，三千年王权巩固，两千两百年统一多民族国家形成。

2019 年 7 月 6 日，良渚申遗成功，标志着中国五千年的文明史获得了世界的承认。近十年的考古活动又获得一些新成果，或将五千年形成的时间再朝前推进一些，如本书介绍的南佐遗址、红山文化遗址，又如中原地区的河洛古国——107 万平方米的郑州巩义的双槐树遗址，其壕沟最宽 25 米深 10 米，内侧环壕的北半部大型宫殿集中，而且呈现出前后三进院落，有中轴线的雏形；在黄河中游的另一个 5 300 年前的遗址发现了丝织品，说明当地已经开始养蚕缫丝；西辽河流域的红山文化遗址近期发现了墓葬中有石钺，说明当时的权贵阶层已掌握军事权力；长江下游的凌家滩遗址距今 5 500 年到 5 300 年，在其祭祀坑里发现了数千平方米的大型高等级建筑和单体最大的玉石钺和龙首型玉器，其诸多因素被良渚所继承。这说明，距今 5 000 多年前，全国各区域都已到了社会分化非常严重，出现早期王权和国家的阶段。未来还有待于考古人进一步的努力挖掘，来佐证中华文明起源、形成阶段的各个区域文明是如何互鉴互学、在包容开放中形成多元一体的格局的。

2023 年 6 月，习近平总书记对中华文明的突出性特性作了五点概括：连续性、创新性、统一性、包容性、和平性。本书重点介绍文明起源和形成的八个考古遗址时，也为这五大特性提供了生动的实例来佐证。比如从近万年前南稻北粟的出现、定居村落的起源到五千年文明的形成体现了连续性，由遍布于中国大地的成熟的新石器聚落和文化圈构成的早期中国"满天星斗"的文明体，其繁盛多样的礼器的涌现体现了创新性；仰韶文化经庙底沟时期的发展，演变成中原龙山和二里头文化，引领其他区域文明，体现了统一性；尧舜禹时期中原地区对各区域文明因素的吸收显示了包容性；夏都二里头的牙璋等玉礼器向周围地区的传播显示了以先进文化的软实力影响四方的和平性，等等。

30 年前，我在日本攻读博士时，看到著名考古学家出版普及读物，举办公众讲座，市民买票入场聆听，听讲中普通民众都会认真做笔记，心中颇为羡慕他们民众与考古的亲近，如今这一幕在神州大地更为红火。现在更是最佳时机，在考古人与民众的互动共鸣中，加深对中华优秀传统文化的参悟与认同，让优秀的传统文化日用而不觉，成为文化自信和文化建设的内生动力，为实现中华民族伟大复兴提供精神动力。

中国考古学学会理事长、中国社会科学院学部委员、

中国历史研究院考古所研究员

王　巍

序 二

整整一百年前，1923 年 5 月，顾颉刚在《与钱玄同先生论古史书》中提出了"层累地造成古史"说。此说主张："时代愈后，传说的古史期愈长。"认为周代人心目中最古的人王是禹，到孔子时始有尧、舜，到战国时有黄帝、神农，到秦时，三皇出来了，汉以后，才有"盘古"开天辟地的传说，据此，得出一个结论："古史是层累地造成的，发生的次序和排列的系统恰是一个反背。"时代愈后，传说中的中心人物愈放愈大。

《与钱玄同先生论古史书》在中国学界掀起一场轩然大波。顾颉刚根据《商颂·长发》和《鲁颂·閟宫》中关于"禹"的记载，推定在商族那里，禹为下凡的天神，在周族那里，禹已经被奉为最古的人王，但"禹"本来出自夏鼎，实际上很可能只是九鼎上所铸的一种动物，并没有证据说明他是夏的始祖。历史上是否存在过夏代，自然便成了很大的问题。不久，便有一批历史学家明确宣称夏代根本不存在，完全是周人杜撰出来的。胡适更宣称："东周以上无古史。"他宣布："大概我的古史观是：现在先把古史缩短二三千年，从《诗》三百篇做起。"按照胡适这一说法，不但夏朝，连同商朝，甚至西周，都得从中国历史叙述中删去。

然而，没有先前的历史演进，东周的历史从何而来？当时，王国维等学者对甲骨文的解读，已经证明司马迁《史记》中所叙述的商代历史并非虚构。1928—1937 年，中央研究院历史语言研究所考古组主持的安阳殷墟遗址的发掘，进一步证实"层累地造成古史"说虽然有助于人们打破对古代文献记录的过度迷信，但无论如何不能据此就否定商周以前历史的真实、客观的存在。

马克思、恩格斯在《德意志意识形态》中指出："历史不外是各个世代的依次交替。每一代都利用以前各代遗留下来的材料、资金和生产力；由于这个缘故，每一代一方面在完全改变了的条件下继续从事先辈的活动，另一方面又通过完全改变了的活动来改变旧的条件。"正是生产工具、生产方式的世代延续和传承，劳动者与管理者知识、技能、经验的不断积累与改进，构成了最基本的历史联系，决定了人类的存在必然是历史的存在。西周也好，商代也好，文明程度都已经达到相当高的水准，它们当然都不可能是凭空产生的，更不是靠后人编造出来的。"层累地造成古史"说无法自圆其说，便将解决这一难题的责任一股脑儿推给考古学。胡适曾说："将来等到金石学、考古学发达上了科学轨道以后，然后用地底下掘出的史料，慢慢地拉长东周以前的古史。"顾颉刚也指出，"我知道要建设真正的古史，只有从实物上着手的一条路是大路"，"三皇五帝的系统，当然是推翻的了。考古学上的中国上古史，现在刚才动头，远不能得到一个简单的结论"。

近一个世纪来，中国考古所取得的辉煌成就，确实为重建中国上古史树立了一块块光彩熠熠的里程碑。考古所面对的只是先前世代残存的若干遗址、遗物，这些遗址、遗物被发现，大多具有很大的偶然性，而考古学作为一门具有自然科学性质的非常严谨的科学，则要通过对生活用品、住所、礼器、城区建筑、用以进行交流的各种符号等大量并不完整的物件的复原，克服偶然性的不利因素，努力从其中找到某些必然性的成分，从而再现远古真实的历史，困难当然不会低于单纯对古代文献记录的剖析。但两者并非截然对立，其实往往能够相得益彰。

文明是将人与动物区分开来的最显著的标志。《周易》之《贲卦》说过："刚柔交错，天文也；文明以止，人文也。观乎天文，以察时变；观乎人文，以化成天下。"人能够"观乎天文，以察时变"，就是通过观察、分析自然界的各种矛盾运动，掌握它们的变化规律；而"观乎人文，以化成天下"，则是通过对人类社会如何创造了自己所特有的文明进行深入的观察与研究，选择正确的路径，让文明由天下所共创，文明的成果为天下所共享。这也就是马克思《1844年经济学哲学手稿》中所说的："有意识的生命活动把人同动物的生命活动直接区别开来。""通过实践创造对象世界，改造无机界，人证明自己是有意识的类存在物……诚然，动物也生产。动物为自己营造巢穴或住所，如蜜蜂、海狸、蚂蚁等。但是，动物只生产它自己或它的幼崽所直接需要的东西；动物的生产是片面的，而人的生产是全面的；动物只是在直接的肉体需要的支配下生产，而人甚至不受肉体需要的影响也进行生产，并且只有不受这种需要的影响才进行真正的生产；动物只生产自身，而人再生产整个自然界；动物的产品直接属于它的肉体，而人则自由地面对自己的产品。"

《周易》六十四卦，原就是生活在华夏大地上的先民从草昧一步步走向文明的历史过程的真实记录。人最初过着草昧渔猎的生活，随着农稼既兴，略土田、用甲兵、具纲纪、定城郭，到辩上下、定民志，再到平其阶位、族物始广，乃至产生封建、神教、肉刑、公田等制度，后来，这些制度又渐次被废止。凡此等等，无一不是生民自身的活动。如近代学人章太炎《检论·易论》中所述："六十四卦虽难知，要之记人事迁化，不越其绳，前事不忘，故损益可知也。夫非谶记历序之俦。"将这些记录和大量新的考古发现加以对照和印证，便可清楚地看到，华夏大地上的先民创立中华文明的历史进程，有着真实的历史依据，用"层累地造成古史"说全盘否定这段历史，未免过于轻率了。

事实又证明，后人基于历史新的发展所获得的新的体验，对往古历史产生新的认识，并不一定就距离先前历史的真相更远。马克思在《政治经济学批判导言》中说过："人体解剖对于猴体解剖是一把钥匙。反过来说，低等动物身上表露的高等动物的征兆，只有在高等动物本身已被认识之后才能理解。"人们如果能够比较全面地了解人类文明发展的全过程，如果能够比较深刻地了解现代文明的主要特征，完全有可能更深刻地认识和评价先前历史进程中人更具积极意识的生命活动的创造性价值。

李念主编、冯时等著的这部《万年中国》，通过对中国大地上诸多考古成果的深入分析，具体而生动地说明了商、周以前数千年间，也就是差不多一万年前这段时间中，生活在中国大地上的各族群的先民，如何以人的自觉共同缔造了具有鲜明独特性格的中华农耕文明、游牧文明以及山林农牧文明，为中华文明在新的历史阶段的生长奠定了坚实的基础。这部著作，对于我们进一步清楚认识中华文明悠久的优秀传统，无疑很有帮助。

以上只是读此书稿时的一点感想，不敢称作序。

复旦大学文科资深教授

姜义华

目 录

序 篇

8 000 年：中华文明的起源

5 000 年：中华文明的形成

4 000 年：早期的国家与最初的王朝

序篇

本书图片如无特别说明，均为作者供图。

由中国考古人自己揭示，中华文明如何"相变"

陈胜前[*]

中华文明的基本特点：

历史连续、超大规模、多元统一、自成体系、和平内敛。

背景：为何要研究文明起源

文明探源，并不是特别新鲜的话题。

世界古文明探源有殖民色彩，中华文明则由中国学者自己揭示

一百多年前，即 19 世纪末到 20 世纪初，文明探源——关于世界古典文明的研究，曾经是考古学上非常火热的话题，我称之为"阳光灿烂的日子"。那个时候欧洲早期的探险者、考

---

* 陈胜前，中国人民大学历史学院考古文博系教授。

古学家掀起了探索古文明的浪潮，比如谢里曼去探索古希腊的特洛伊古城，史蒂芬去探索玛雅，皮特里去探索古埃及。

有关中国古文明的发现，最早是1928年关于殷墟的发掘，再往前追溯，是1921年安特生发现仰韶文化、1899年清朝末期王懿荣发现甲骨文。但有关中华文明的研究，一直不是特别清晰。直到1983年红山文化的牛河梁遗址发掘，重新开启了有关中华文明探源的新征程。这个研究课题经过夏商周断代工程、中华文明探源工程进入了高潮期，包括1999年至2001年确定陶寺中期城址，2007年确认良渚古城，2011年确认石峁古城。

由此看到，中华文明的研究起步晚，高潮在最近一二十年，一定程度上是中国考古学家的幸运。世界其他古典文明的发现都笼罩着西方考古学家强烈的殖民色彩，比如德国考古学家谢里曼直接掠走了古希腊的黄金和文物，而中华文明的探源，是完全由中国考古学家自己来揭示的。

学科外部的时代精神和内部的范式变迁形成中华文明探源动力

为什么要做中华文明探源呢？从外部环境看，原因包括时代背景、社会思潮，还有相关学科的发展，可总体概括为时代精神。促使我们特别关注中华文明起源的时代精神的缘由，首先是中华民族的复兴、中国文化的复兴，以及社会经济与文化的发展、广大中产阶层的兴起，使中国民众的文化需求有了实质性的提高，其他学科的发展亦成为中华文明探源强大的社会动力。

从学科内部角度来讲，原因包括材料的发现，像红山、石家河、陶寺、良渚、石峁等一系列有关中华文明遗址的发现推动了研究；还包括新方法与新技术的发展，比较有代表性的是聚落考古、多学科合作方法，以及跨学科的文明理论探索，总体上可用研究范式变迁来概括。

中国现代考古学三次主题转向，形成中国考古特色

回顾中国现代考古学发展的主题，北大张驰老师曾将其归纳为"从民族到革命"。首先，现代考古学的兴起和民族国家的兴起密切相关。1949 年前，中国考古学的主题是聚焦民族国家的身份构建。第二是革命主题，即从马克思的角度理解人类社会发展史。1949 年以后，中国现代考古学的主题是思考国家究竟是怎么形成的，未来社会会如何发展。

1978 年以后的中国考古学，在某种意义上回到了中华文明探源，就是苏秉琦先生所强调的"我们要去研究中华国家、中华文化、中华民族的起源"，这给考古学指出了一个新的研究方向。中华文明探源工程很好地体现了中国考古学的特色，包括大科学的组织优势，能够集中大量的研究者和机构进行课题的协同研究、能够进行多学科的合作，无论是新材料、新方法、新理论都非常火热，历史学、哲学等学科的学者都纷纷参与进来。

理论维度：何谓文明，为何要有标准

从理论维度而言，何谓文明不仅仅是考古学者在研究。研究至少可以分为三个方面。

从霍布斯、卢梭、塞维斯到恩格斯对于国家的思考

第一方面是理论的演绎。哲学家、思想家包括霍布斯、卢梭、马克思、韦伯等众多的学者都在思考与文明相关的问题，这里的文明指的就是国家。

国家是什么？霍布斯和卢梭都认为是契约。霍布斯认为，统治者在契约之外，由他提供国家这个组织；与霍布斯不同，卢梭认为统治者也是契约的一方，国家是一种契约组织，每个人让渡出一部分权利来构建这个国家。新进化论代表人物、人类学家塞维斯从人类学角度考虑社会公共权力怎么来分配资源。另一位人类学家弗雷德则强调社会分层与等级，社会人群到达一定规模之后，一定会分层，信息传递的角度也需要分层。但究竟是怎样发展成了不同的等级，最后成了国家？恩格斯在《家庭、私有制和国家的起源》中给出的答案是，国家是暴力机器，是阶级斗争的产物。

早期人类社会组织研究中还用到社会复杂性这个新概念，它能避免文明概念与日常含义的混淆。早期人类社会组织的复

杂性非常多样，而且越研究越发现其复杂性超乎想象。

中程理论：以理论来构建通往人类过去的桥梁

第二方面是以类比为基本理论的中程理论的构建。例如，民族考古主要是人类学家在做，直接历史是历史学家在做，计算机模拟社会复杂性的演变是科学家在做。中程理论主要是提供一个参考的框架，不是直接得到人类过去的历史。

例如，塞维斯提出，国家演进的路径是：游牧群落—部落—酋邦—国家，酋邦是处于过渡阶段的复杂社会，社会组织形态因为不稳定而非常容易崩溃。而弗雷德提出来的是演化序列，和塞维斯的很像，但更强调社会分层，路径是：平均社会—阶等社会—分层社会—国家。

但人类学理论存在一个问题，就是古今一致性。比如需要考虑夏威夷或太平洋某个岛上的社会和史前社会是否一样，民族志上东南亚的酋邦社会，某种意义上来说是古典文明的边缘社会，是一种社会复杂性的亚形态。从目前的研究来看，酋邦理论已经崩溃了。

但是理论模型的建构还是非常必要的。考古材料本身并不会讲话。比如考古发掘了江苏张家港的东山村遗址，是距今大概5 800年到5 600年左右的崧泽文化古国，墓葬中出土了很多石钺之类的东西，象征着社会公共权力。但这究竟是什么社会形态，如果没有一个理论模型的话，这批材料自己不会告诉你，这就是一个国家或者不是一个国家。

第三方面，则从考古材料中归纳与提炼。比如说苏秉琦先生讲的"古文化—古城—古国"，从考古学文化理论出发，结合古代城乡分野的发展，提出古国的概念，这是从考古材料角度出发进行的理论研究。

文明三重属性对应着考古学研究的三个阶段、三种范式

究竟什么是文明？文明至少有三重属性。首先是一个文化历史阶段。在考古学语境里，文明说的是人类发展史上的一个阶段。第二是一种社会组织状态。这方面的讨论最多，有的叫国家，或者叫早期国家，是指一种社会组织状态，区别于比较简单的社会。第三是指一种社会存在的形式。比如说中华文明、西亚文明、古希腊文明、玛雅文明。中华文明是中国人存在于世的文化形式，是我们集体的标志。用筷子吃饭、使用汉语、共享儒家伦理，都是中华文明存在的方式，这种方式在其他文明里面没有或不普遍。良渚文化广泛使用玉器，就是她的一种文明的表现形式，也是她作为早期国家的象征，也是中华文明五千年的表征。

与文明的三重属性相应，文明探源研究也分为三个阶段。第一个阶段是发现并描述材料，涉及究竟什么是文明这一文明

引自中国国家博物馆、浙江省文物局编,《文明的曙光:良渚文化文物精品集》,中国社会科学出版社 2005 年版,第 147 页

良渚的玉器既是文明表现形式,也是早期国家的象征

的标准问题。第二个阶段是解释材料,主要是从科学的、人类学的角度,在探索机制和原理的同时,探索形成的过程。第三个阶段是理解材料,从内在的、人文的、历史学的角度去阐释材料。

基于此,产生了三种研究范式。这三种范式是共存的。比较早出现的是文化历史考古,它的核心是考古学文化的研究,这里的文化是指一种标准和规范。第二种范式是 20 世纪 60 年代兴起的过程考古学的范式,强调的是功能层面的探讨,讨论古代社会的运作,古人是如何生活的,其核心也是文化,但是这种文化是功能性的而非标准和规范,是适应的文化而非静态的文化。第三个范式是 20 世纪 80 年代兴起的后过程考古学范式，也主张以文化为中心，但这里所谓的文化是指作为交流表达的文化，带有象征性、符号性，涉及能动性。

　　文化历史考古范式的核心概念和纲领，需要一系列的支撑的理论方法，形成相对成熟的实践，其核心概念和纲领是作为标准/规范的文化。比如说兴隆洼文化出土的筒形罐有三段型的装饰，当时所有人制陶器都会遵循这样的规范，反之就不是兴隆洼文化。又比如白音长汗遗址出土了特别漂亮的细石核，我们讨论细石叶技术时也强调了它的标准。在这个范式里，我们探索文明起源时，第一反应还是寻找标准。为什么要寻找文明的标准，某种意义上和所利用的范式有很大关联。

白音长汗遗址的细石核和兴隆洼的筒形罐形成当地文化的标准

文明外在化标准

关于文明的标准，很多时候人们会强调城市、青铜、文字三要素，西方考古学现在提这个也不太多了，因为这是西亚的标准。我们知道印加帝国就没有文字，玛雅文明也没有金属冶炼，他们不是文明？当然是文明！

现在采用的是新的标准，比如说强调等级分化、聚落体系、专业化分工、物品的精致化等一系列特征。但是只要是标准，都是外部的物化特征，既然是外部的物化特征，一定会存在地区的差异，不会每个地方都采用同样的物质材料。

所以，文明外在形式可能是很多样的，本质上是"社会复杂性"与"系统状态"的变化，文明是"社会复杂性"的一种"系统状态"。这种系统状态是什么？就是我们在寻找的东西。比如，社会公共权力的中心化与制度化，我们要去探讨它的形成机制是什么，表现方式是什么，地区的物化特征是什么。还有一点特别重要但经常会被忽视，就是文明形成过程中生成的物质文化意义。比如，在中华文化中，作为物质载体的玉琮有它的独特含义，换一个文化就没有这个含义，这个含义是在中国文明形成的过程当中形成的。事实上，玉琮不仅仅是礼仪工具，它同时也象征早期国家的产生。

考古学维度的中华文明探源

目前考古学界基本的共识是，在距今约 6 000 年前后，文化意义上的中国形成；距今 5 000 年，以良渚为代表，比较清楚地显示出早期国家形成；距今 4 000 年，夏王朝建立，王朝统治出现。

文明的"相变"：中华文明经历了长期的发展过程

中华文明的形成是一系列"相变"的结果。"相变"，形象地说，就如同水在气态、液态、固态之间转化的过程。

- 狩猎采集游群社会
  - 渔猎型复杂的狩猎采集者
- 定居农业社会（万年前后）
  - 宴飨
- 大佬社会
- 神王之国 / 古国
- 王国
- 帝国

中华文明的形成是一系列"相变"的结果

在旧石器时代，人类社会是游群社会，每个群体 25 人左右，人类学家称之为 Magic number（魔数）。为什么就是这么多人？因为他们能够在一个区域里比较充分地利用资源，如果人数太多，资源很快就会被耗尽。

距今一万年左右，人类逐渐走向定居，农业社会开始出现，文明发生了一次相变。有定居就有了固定的土地，也开始有了土地的竞争——资源不再像以前一样可以流动了，必须要占领。

后面出现的社会叫大佬社会（Big man），社会里面出现一些有威望的人，他们有话语权，但和其他人一样参与社会生产，社会等级不是特别明显。

再后面出现了良渚这种神王之国，或者叫古国。然后出现了王国，最后到了帝国。

文明的发生是有一个漫长的过程的。我们说，中华文明起源于 8 000 年前，不是指早期国家出现了 8 000 年，是指中华文化部分要素出现在 8 000 年前。

早期中国文明的特点得益于农业基础和多种模式的融合

关于早期中国文明的特点，距今 6 000 年到 4 000 年这一段时间非常重要，在这段时间，政治权力崛起，以玉为代表，强调礼仪，影响了后世的文化。为什么中国会兴起儒家，这和早期文明的特点密切相关。早期中国的文明演化模式有很多种，比如商路控制、水生资源、生产、祭祀、战争、工程，中

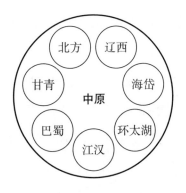

苏秉琦先生提出的六大区系类型

华文明实际上是很多模式融合的结果。

为什么会有"中国"这样的观念，最早苏秉琦先生提出六大区系类型，后来又做了扩充。我们以洛阳为中心，以洛阳到北京的距离为半径画一个圆圈，基本上就是早期文明的核心区域。谁控制了中原，谁就能以最小半径控制最大的区域，大家都往中间汇聚，就是"中国"原始的含义，也是张光直先生提出来的"相互作用圈"。

我们还可以从中国文明四个板块的互动来看，这四个板块分别是农耕的东南板块、游牧的西北板块、生态交错带板块、海洋板块，四大板块之间相互影响，从这个角度理解史前中国文明的格局，可能更符合当前的认识。

从世界范围来看，文明都是以农业为基础的。中国是农业时代的幸运儿，世界上最适合农业发展的是温带区域，新大陆的农业出现比较晚，欧洲的温带区域为地中海占据，剩下的适合农业发展的地区就是西亚两河流域与中国的华北与长江中下游。中国有两个农业起源中心，北方的旱作和南方的稻作，这奠定了中华文明五千年不断绝的经济基础，因为有得天独厚的缓冲地带。由此形成中华文明的基本特点：历史连续、超大规模、多元统一、自成体系、和平内敛。

扫码聆听陈胜前老师讲座精华

气候环境和农耕文化奠定了中华文明永续根基

吕厚远*

今天全球文明分布的格局是在过去长期气候变化与文化、文明相互影响的背景下形成的。

理论上认为，古气候变化可以通过影响生态环境和农业生产，进一步影响到文化、文明的演替和社会的发展。但事实上是怎么样的？证据链和逻辑链又在哪里？

200万年以来的气候变化

今天全球文明分布的格局是在过去长期气候变化与文化、文明相互影响的背景下形成的。

---

* 吕厚远，中国科学院地质与地球物理研究所研究员、人类演化与环境考古专业委员会主任。

气候演变过程中，200 万年前的直立人、10 万年前的现代人分别走出非洲

大约从 6 500 万年前开始，地球进入新生代，气候进入了变冷模式，经历了三个不同的宏观场景——从两极没有冰、单极有冰，到两极都有冰盖。单极有冰之后，东亚季风系统开始形成；另一条线上，人类开始在非洲出现。两极有冰之后，大约在 200 万年前左右，直立人开始走出非洲，走向欧亚大陆。

200 万年以后，地球又经历了 30 多次冰期、间冰期的变化，温度变化幅度越来越大，从早期变化 2—3 摄氏度，到后来变化 8—10 摄氏度，变化周期越来越长，从早期 4 万年左右一个周期，到后来 10 万年一个周期。从非洲来的直立人，像元谋人、郧县人、北京人等，他们是怎样经历这么大幅度、漫长的气候变化的，目前并不太清楚。直到大约 10 万年以后，生理结构上与今天一样的人类——现代人又一次走出非洲，约在 10—5 万年前到达了东亚。

两万年后全球升温约 6—9 摄氏度，气候巨变导致人类走向原始农业

10 万年以来的这个时段，涉及世界考古学的三大议题——现代人类起源、农业起源和文明起源。这个时段气候变化表现为两个特点：一个是万年尺度的气候变化过程，从寒冷

的冰期到温暖的间冰期，是由地球轨道变化控制的；第二个是千年尺度快速的气候变化，一般认为是由大洋温盐环流控制的，包括发生的一系列海因里希（H）寒冷事件、新仙女木（YD）寒冷事件。

最近的研究表明，新仙女木事件发生在距今约 12 900 年到 11 700 年之间，有 1 200 多年寒冷的时间，温度下降约 5—7 摄氏度。新仙女木事件前面还有一个温暖的时期，叫博林暖期，时间距今约 14 600 年到 12 900 年，当时的温度个别时间可能已达到今天的温暖程度。最近的研究还发现，新仙女木寒冷事件主要影响了北半球。

无论是博林暖期还是新仙女木寒冷事件，它们只是叠加在万年尺度上快速的变化事件。两万年以来，气候经历了大幅度的升温过程，全球升温约 6—9 摄氏度。距今 8 000—6 000 年是全新世的大暖期，比目前温度高 1—2 摄氏度；随着气候变暖、冰盖融化，全球海平面比两万年前升高了约 130 米。

需要指出的是，在海平面上升之前的两万年前，中国东部大陆架全部出露，当时的海岸线就在钓鱼岛附近。1.5 万年前左右，海平面低于 80 米，大陆架出露面积约 80 万平方公里，相当于中国目前东北和华北平原的总和，这是一片适合人类长期生存的地方。到了 8 000—7 000 年前的高海平面时期，中国东部沿海约有 13 万平方公里的土地被海水淹没，早期人类活动的遗址也被淹没了。

总之，地质过程的沧海桑田，无论在过去、现在、将来，都是人类无法抗拒的大自然巨大变迁的结果。正是在这两万年以来气候环境的巨大变迁期间，人类社会完成了从长期的渔猎采集到原始农业、文明社会的巨大转变，分别在中南美洲、西亚和东亚驯化出了玉米、小麦、水稻、粟、黍几种农作物，并形成文化观念、宗教信仰、社会规则等有显著差异的东西方文明。

气候变化与农业起源传播

人类是如何在适应如此大幅度的气候变化过程中发明了农业、壮大了种族、繁荣了文化、发展了文明的，以及如何利用自然、改造自然，与自然和谐发展？研究史前人地关系的过程、规律、机制，是 20 世纪以来重大基础前沿交叉研究领域之一。

困扰国际学术界一个多世纪的农业起源难题

农业何以起源？这是困扰国际学术界一个多世纪的难题。前人已经提出了绿洲说、进化说、宴飨说、气候变化说、人口压力说等 60 多种假设，每个假设都可以很好地解释某个地区、某个种类的起源问题，但是都无法同时解释农业起源相互关联的时间、地点、种类三个问题。农业起源为什么只发生在最近两万年以来？农业起源为什么只发生在空间上没有什么联系的三个中心区域——中南美洲、西亚和东亚？为何这三个区域都选择了以禾本科为主的植物进行驯化？这三个问题是农业起源研究要回答的最基本的问题。过去的许多假说是依据西亚考古的证据提出的，一直缺少东亚早期农业考古的证据，也缺少两万年以来连续的、定量的古气候记录。系统获取东亚农业考古和定量的古气候证据，是研究的突破点，也是研究的难点。

中国新石器早期农业考古缺少植物种类和野生—驯化鉴定证据

将今论古的方法是可以解决这些难点的，通过掌握现代种子植物的鉴定特征来辨别考古中发现的证据，通过了解现代气候指标的意义，可以解释过去气候变化的过程。中国东部处于东亚季风区，拥有独立的北方旱作、南方稻作体系，孕育了悠久的中华农耕文明，是研究气候变化与农耕文化关系的一个关键区域。

20世纪90年代以前，传统的考古学依靠发现的少量炭化种子取得了一些重要的进展，但是对于新石器早期地层的研究还存在着瓶颈。主要是因为东亚季风区早期地层中的植物种子很容易腐烂或灰化成土，导致我国许多农作物未能保存下来，更遑论鉴定，农业起源的早期证据在国际上长期存在着争议。

争议的焦点有两个，一是认为中国缺少种类鉴定的证据，二是缺少野生—驯化鉴定的标准。有部分学者认为东亚缺少早于 8 000 年前农作物科学鉴定的证据。

中国近年的农作物植硅体鉴定标准得到国际学术界的认可和应用

针对农业起源存在的难题，过去十多年来，中国的植物考古学家建立、完善、推广多种农作物提取、分析、鉴定、测年方法，在国际上发表了许多相关的论文，极大地促进了我们农业考古的发展和深入，方法上包括浮选法、鉴定法、测年法等，下文简单地介绍一下我熟悉的植硅体方法。

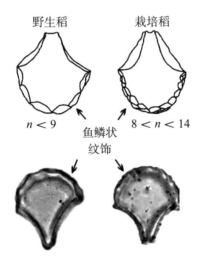

通过植硅体形态纹饰建立野生、驯化稻鉴定标准

植硅体是植物生长过程中沉淀在植物细胞中的蛋白石，它产量高，可以长期保存，具有植物分类的潜力。难点在于一种植物生长多形态的植硅体，哪一种形态是黍、粟、稻的特有形态，国际上一直没有突破。我们通过对东亚地区几千种现代植物的茎、叶、果实进行系统解剖、测量和检验，发现黍、粟稃片上的细胞形态具有明确的分类意义，我们首次建立了区分黍、粟、狗尾草及其野生种类的鉴定标准。通过层层解剖，发现水稻稻壳中的双峰型植硅体和水稻叶片中的泡状细胞植硅体的形态纹饰具有明确的分类意义，成功建立了水稻野生、驯化的鉴定标准。

　　与传统的方法相比，这些方法包括鉴定标准的建立，不仅突破了腐烂植物无法鉴定的瓶颈，而且可以应用到许多沉积记录里，为东亚农业起源、农耕文化研究提供了关键支撑。植硅体鉴定方法发表之后，很快进入欧美多所大学教科书，成为世界农作物植硅体鉴定标准，并逐渐得到了同行的认可和应用。

我国水稻、黍、粟农作物在空间上、时间上的传播

　　方法的突破扩展了研究的范围、材料和区域，我们通过对多处考古遗址地层、沉积物、石器、牙结石、淀粉粒、植硅体的研究，结合炭化植物遗存和测年结果，首次获得了一万年前黍、粟、水稻开始驯化的证据。

到 2020 年，我们国家有明确测年层位、公开发表的老于两千年的水稻考古遗址有 568 处，老于八千年的水稻考古遗址有 12 处，老于一万年的水稻考古遗址有 2 处，一处是江西万年县仙人洞吊桶环洞穴遗址，一处是浙江省浦江县上山文化旷野遗址。在东海大陆架沉积地层里也有类似发现，应该还有一些地方的水稻遗存可能也有一万年历史，但目前还没有在公开发表的文献上查到测年材料、地层、鉴定方法等具体数据。

从空间的传播看，一万年前水稻从长江中下游起源，8 000 年前向北传播到山东半岛，7 000—6 000 年前传播到关中盆地，5 000—4 000 年前传播到中国的西南地区，4 500 年前传播到中国的台湾岛，3 500 年前传播到今菲律宾的吕宋岛，今天水稻已经成为养活世界一半人口最重要的粮食作物。

起源于我国北方的黍、粟旱作农业，从北向南存在着两条主要传播通道，分别是甘青—成都平原，南阳—汉水流域，在这个通道上基本上都有黄土的分布，大约在大暖期后期，距今 6 000 年前后，开始南传。黍、粟不仅是东亚最早被驯化的旱作农作物，而且对中华文明的形成发展也做出了巨大的贡献。

新证据：东亚农业起源时间从 8 000 年推进到一万年前

从时间上看，水稻驯化过程中，在 12 000—10 000 年间发生了中断或者是退化。黍、粟驯化是从一万年前开始的，黍的驯化早于粟，驯化过程超过了 2 000—3 000 年，说明驯化是非常长期的过程。狭义的驯化是在人类影响下植物改变遗传性状适应新环境的过程，广义的驯化是人类参与植物生存的过程。《中国大百科全书》对农业起源的定义是：人类从狩猎采集生活向种植和家畜饲养生活的转变。

所以我们也可以认为，从广义的驯化开始到狭义的驯化完成，就是农业起源的阶段。因此我们有理由说，中国的植物考古工作通过对黍、粟、稻驯化的研究，把东亚农业起源时间从 8 000 年前推进到一万年前。

新仙女木事件气候逆转陡增生存压力，驱动三地植物驯化和农业出现

我们通过植硅体、孢粉等生物指标与温度、降水的定量转换函数，重建了旱作、稻作区两万年以来的古温度、古降水过程。

有了农作物驯化过程的证据和定量古气候变化的证据，进一步研究，我们发现两万年以来，有三个气候变化与农业驯化的时间节点同步，分别是发生在 14 000 年前的气候转暖、12 000 年前的气候变冷、距今 10 000 年以来的长期增温。水稻的出现、消失，黍、粟、水稻的驯化完成，以及人类活动强

度变化与这些气候变化有关。

我们建立了一个"气候—农业—人类活动"关系的证据链。基于农作物驯化需要 2 000—3 000 年以上长期驯化的认识，在末次冰期气候寒冷，气候快速变化，缺少大于 2 000 年以上的温暖期，此时没有驯化条件；在全球增温背景下，在博林暖期气候变暖、万物复苏、人口增加的过程中，突如其来的新仙女木事件造成了气候的逆转，打破了人口资源的平衡，陡增了生存性资源压力，驱动了植物驯化的需求和农业的出现，基于气候变化的全球性，可以回答为什么东亚、西亚和中南美洲这三个地区都在两万年以来有了农业起源。

受新仙女木寒冷事件显著影响的北纬 30 度三个禾本科繁盛区，最终成为农业起源中心

来看植物考古的证据。人类采集植物的种类有很大变化，早期古人类采集坚果类植物，后来是双子叶植物、单子叶植物，最后把目标集中在一年生、季节性生长、自花授粉的禾本科植物上。因为禾本科植物生长快、种类多、产量高、毒性低、耐储藏，特别是自交亲合，易于选择性状遗传，成为新仙女木寒冷事件影响的区域中早期人类不约而同或者是有意无意选择的目标。适合繁衍禾本科植物的区域，同时受到新仙女木寒冷事件显著影响的区域，大概率可以成为农业起源的中心。

看一下全球的禾本科植物分布。南半球也有禾本科生长，但新仙女木寒冷事件不是全球性事件，南半球没有变冷反而有变暖趋势，缺少驱动压力。在北半球，虽有新仙女木寒冷事件影响，但一万年前后的高纬度地区，还被冰川、冻土大面积覆盖，缺少土壤，也缺少禾本科植物。低纬度的赤道地区依然生长着茂盛的森林，只有北纬30度线附近的中美洲、西亚、东亚内陆大江大河流域，甚至大陆架地区，既是新仙女木寒冷事件影响显著的地区，也是土壤发育适合禾本科植物繁衍的地区。我们认为在末次盛冰期以来万年尺度的气候变化转暖过程中，叠加的博林暖期和新仙女木寒冷事件形成的资源压力，是农业起源的关键驱动力，这可以同时回答农业起源的时间、地点、种类这三个问题。

中国北方驯化了黄豆，南方或以鱼类代替营养需求

有意思的是，我们研究过程当中发现：人类在驯化禾本科的同时，也驯化了一些豆类植物，这些豆类植物都是自花授粉植物，美洲的菜豆、四季豆，西亚的扁豆、豌豆、鹰嘴豆，中国北方的黄豆，说明人类生存不仅需要能量，也需要营养。

自然环境中，有营养的植物很多，为什么选择驯化豆类，目前还说不清楚，一个可能的原因，它们都是自花授粉的植物。在自然界，自花授粉的植物不是很多，这种植物易于选择性状的遗传。另外一个问题是，中国南方稻作区并没有驯化出

豆类和其他任何营养植物。

通过分析植物考古、动物考古的证据，发现八千年以来，在南方稻作区，古人利用大量的淡水鱼及少量的海水鱼获取的营养，可以替代甚至优于豆类蛋白，鱼米之乡由来已久，这得益于古代人的智慧和东亚季风的恩赐。

前面的证据表明，气候变化深刻地影响了农业起源和发展，农业起源的后果，使粮食永远成为人类文化文明延续不可或缺的物质。

气候变化与文化文明的演替

一个世纪以来，文化文明—气候变化的关系是一直有争议的领域，人文社科领域专家多考虑社会内部驱动，自然科学领域专家多考虑外部气候环境驱动，而核心是需要可检验、可量化、多学科的证据。

在过去的项目执行过程中，我们建立了高质量气候—环境—农业—文化数据库，研制和利用了很多新方法，像古气候参数定量估算的方法、区域人类活动核密度——SPD 模型、时间序列分析黄变换方法、因果分析方法等，发表了三大类相关成果，第一类是灾变性气候事件与文明，第二类是周期性气候变化与文明，第三类是社会弹性。

四千年寒冷事件前后，中原农业繁盛，奠定了中华文明的永续根基

约距今四千年前后，发生了一次广泛、剧烈的寒冷事件，造成全球大范围气候异常和古文明的崩溃，包括古两河流域阿卡德、古埃及古王国、古印度哈拉帕等文明的崩溃和断裂。但在中国的东北、中原和南方的不同区域农业—文化的响应是不同的。东北辽西的旱作农业和文化，和南方的稻作农业和文化，都在四千年以后衰败了，而北方的甘青一直到中原地区的旱作农业和文化，在这个寒冷事件中反而得到发展，成为中华文明没有中断、得以延续的关键节点的关键支撑。

古气候记录证据和气候模拟证据都表明，四千年前后气候异常造成东亚季风区总体变冷、北干南湿的格局，在这样的气候格局下，我们推断东北地区属于自然灾害，定量古气候重建表明，降水下降到 300 毫米以下，黍、粟旱作农作物已经无法生长，农业和草原都受到影响，社会结构精英化、宗教化，最后促使文化发生演替。

但在中原—西北区，应该属于天时、地利、人和。大量证据表明，降水量下降到 450—500 毫米，正适合黍、粟的生长；由于气候干旱，降水减少，早期的湖泊湿地减少，环境地貌多样，正适合耕地的开发，此时又有小麦的传入，五谷齐全促进人口增加，冶炼等西方的先进技术也同时传入，一个"开放的

社会"促进了文化繁盛延续。

南方区域的研究目前不是很充分，但我认为这是一条由全球变冷引发的自然灾害链。目前的证据表明，这时南方降水增加，气候剧烈波动，风暴潮增加，海平面上升，湿地增加，土地减少，农作物只有水稻一个种类，造成了文化方面的社会结构精英化、宗教化，社会相对封闭，发生部族战争，促使文化发生演替。所有这些气候、文化特征不再是定性的描述和猜想，已经有年代明确、连续量化、可重复检验的证据。

总之，恶化的气候环境既可能是产生宗教、神权的温床，也可能是国难兴邦的动力，研究四千年寒冷事件社会文化效应是一个长期的课题，这里只是简单的总结。

红山文化衍生了三个500年周期，说明存在社会弹性

再看一下周期性的变化。农业起源之后，存在三次千年尺度的温暖期和农耕文化的三次繁盛期：裴李岗、仰韶、龙山文化。它们彼此间基本上是对应的，表明在千年时间尺度上，温暖气候总体上是有利于我国文化发展的，促进了我国史前农耕文化的繁盛。百年尺度上，也存在类似的现象，在北部的农牧交错带，过去一万年以来的孢粉记录的气候变化过程和利用考古遗址碳-14概率密度记录的人类活动强度变化过程，揭示出气候变化和文化演替、人类活动强度都存在对应的500年周

期，气候暖湿期对应文化繁盛期。

但例外的是，强大的红山文化的弹性适应，使其延续了三个 500 年周期。在年际尺度上，气候变化与游牧民族迁移的关系可能并不那么简单。许倬云先生曾通过对东汉—南北朝历史史料的分析明确了四个寒冷时期，但是并没有发现这期间北方游牧民族向南入侵的任何记录，说明了不同的时、空过程对应不同的驱动机制，所以社会弹性也是必须考虑的一个因素。

中国考古学的疑问与思考

最后，中国的考古学还存在一些疑问，要解决这些疑问，需加强多学科交叉研究，更需实践中国特色、中国风格、中国气派的考古学。

全新的、先进的浙江"上山文化"为何没有源头而横空出世？

长期以来有关农业起源、文明起源的研究，传统的观点和证据告诉我们，世界五大文明都位于北纬 30 度线附近的内陆大江大河流域，其中中华文明位于内陆的农耕文化的黄河流域。但最近十多年以来，在我国东部沿海地区的浙江省浦江县上山文化遗址出土了一万年前最早的驯化的水稻、定居的村庄、精美的彩陶，完全不同于内陆发现的旧石器的文化传统。

上山文化是全新的、先进的文化面貌，一定经历了漫长的发展历史，但是内陆找不到源头，这成为中国考古界必须研究解答的问题。

新发现是否意味着浅海大陆架有更早的先进人类文化遗存？

不仅如此，过去一个世纪以来的考古工作表明，我国在 10 000 年到 8 500 年前期间，新石器遗址只有 20 余处，但距今 8 500—7 000 年的考古遗址突然增加到 670 多处，这些先进文化主要集中在我国东部。如何解释 8 000 年前后考古遗址突然扩张的原因，也是困扰考古界半个多世纪的难题。

最近浙江省文物考古研究所在钱塘江南岸的井头山遗址，海平面以下 10 米的沉积物里发现了被海水沉积埋藏的 8 000 多年以前的文化层，出土了大量木器、陶器，它们分布在古代的陆地和大陆架延伸的地面上。井头山遗址为解释前面的难题提供了一个重要的线索，就是在地层深处，在浅海大陆架是否有更早的、先进的人类文化遗存？这是考古学家急切想了解的，但需要海洋地质学家协同调查研究。

与此不谋而合的是，在过去这么多年，海洋地质学家在大陆架常规海洋调查中，已经发现了多处大陆架沉积地层中保存着 15 000 年前的陶片、14 000 年前的水稻、12 000 年前的古土壤地层，如果能证明这些人类活动遗存的文化性质和环境背景，将成为对传统的农业起源、文明演化理论的一种颠覆性证据，当然这需要考古学、海洋地质学、地球物理等多学科共同的合作。

是社会内部还是外部环境驱动了海岸带文化多次快速演替？

再看一下沿海地区，8 000 年以来海平面是相对稳定的时期，从山东半岛到长江下游的海岸带不同地区，先后出现了对中华文明有深远影响的不同的区域性文化，如海岱地区的大汶口文化、龙山文化，还有长江下游的跨湖桥、河姆渡、良渚文化等，但是让人没法理解的是，不同地区的文化大致都在 8 000 年、6 000 年、4 000 年前后同时发生了演替，是什么原因驱动了海岸带文化的快速演替，是社会内部驱动，还是外部环境驱动？这个问题至今存在争议，也需要多学科的交叉研究。

实践中国特色、中国风格、中国气派的考古学

以上疑虑，需要跨学科同仁共同去破解。我想借用复旦大学袁靖教授的一句话："能否更加广泛、更加有效地在考古学研究中运用各种自然科学研究方法，已经成为 21 世纪衡量一个国家考古学研究能力与水平极为重要的标尺。"

因此我们需要加强多学科交叉研究，在科学体系上，改变

以人类学为主流的西方考古学科学体系，构建以文化—文明—环境协同演化为基础的考古学科学体系；在学术体系上，改变以区域农业、文明起源为基础的西方学术体系，构建以全球农牧渔文明系统演化为核心的学术体系；在话语体系上，改变以西方文明为中心的全球话语体系，构建以人类命运共同体为核心的全球话语体系。

实践中国特色、中国风格、中国气派的考古学，正逢其时！

扫码聆听吕厚远老师讲座精华

8 000 年前古人观象授时，中华文明起源迈出第一步

韩建业* 讲演
李 念 采写

> 一元的宇宙观，多支文化体系，6 000 年前形成文化上"一体"的中国，到了夏朝已有了初步的大一统。

考古领域，永远是新的发现推进着此前的结论，不断更新、完善，甚至颠覆。

距今 8 000 多年，中华文明起源第一期。河南舞阳贾湖遗址的大墓里基本都是男性，此时是否已经出现父系社会？

距今 5 000 年，中华文明迈入古国文明。2021 年，甘肃庆阳南佐遗址宫殿区，发现了数以百万粒计的炭化稻米，是自种或从南方交流而来？

浙江良渚遗址发现多种符号，是否是早于甲骨文的文字？

---

* 韩建业，中国人民大学历史学院考古文博系教授、长江学者、南佐遗址发掘主持者。

2022 年是"中华文明探源工程"启动 20 周年，20 年中诸多新成果问世，为世界范围文明定义和进入文明社会的研究贡献了中国方案，同时，也为中华文明起源勾勒了更为丰富和深远的科学图景。正在主持"考古中国"重大项目甘肃庆阳南佐遗址考古发掘的韩建业，是中国人民大学历史学院考古文博系教授，他提出了中华文明"一元多支一体"的鲜明观点。

中华文明起源第一步（距今 9 000—7 000 年）

已形成早期天文学，出现一元宇宙观、数字卦象符号

从入小学第一天起，"中华文明 5 000 年历史"的论断就印入了我们的脑海。但近年来距今 8 000 年时段的墓葬中的考古发现，集中给我们展现出了一个崭新的视角。

对于中华文明起源的研究从 20 世纪 80 年代开始迄今，有距今 4 000 年、5 000 年、6 000 年、8 000 年等各种说法，且都有一定的考古证据佐证。中华文明起源和农业的发展密不可分。10 000 年前，中国有了农业的起源；8 000 年前，南稻北粟的二元农业体系初步形成；6 000 年前是农业的成熟期，形成农业社会；距今 5 000 年以后则进入早期国家阶段，逐步有了绵羊、黄牛、小麦、大麦。

相对应，距今 8 000 多年以后进入中华文明起源阶段，

可以分为两步，第一步在距今 8 000 年前左右，第二步在距今 6 000 年左右。在第一阶段，中国的文化格局从 5 个文化圈变成了 4 个文化圈，它们都偏东，它们的陶器有着一定的差别，其中以河南省为核心的裴李岗文化最为发达，它向周围都产生了一定的影响，这使得几个文化圈有了初步的交流，形成了文化上的早期中国的雏形。这个阶段的重大发现，让母系氏族社会、原始社会这些以前的认识有了值得学者们再推敲的余地。

贾湖遗址："观象授时"显示了早期天文学雏形

提到天文学，我们绕不开"观象授时"，而早期农业需要"靠天吃饭"，那么掌握像二十四节气这样的节气规律就很重要，这会促使古人通过观察星象来掌握播种时节。在裴李岗文化的代表性遗址、新石器时代中期的河南舞阳贾湖遗址中，发现了骨头制作的叉形器，手柄很光滑，有人推测是长期使用的"观象授时"的"规"，有的类似骨尺的则可能是"矩"。它们的形状和汉代画像上伏羲女娲手里拿的"规矩"非常相像，可以推测当时"观象授时"和天文历法已经诞生。

裴李岗墓葬：延续历史记忆的祖先崇拜显示农耕的合法性

位于河南新郑裴李岗和郏县水泉的墓葬，都是土坑竖穴

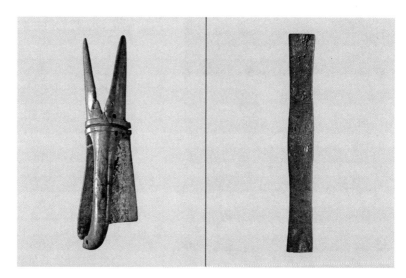

引自河南省文物考古研究所编,《舞阳贾湖》,科学出版社 1999 年版（左图：彩版三〇，右图：彩版三七）

河南贾湖遗址发现的"规"和"矩"，被推测为最早的天文观象工具

墓、仰身直肢葬。从入土为安的习俗来说，体现了非常明确的祖先崇拜观念。对比同时期世界其他区域的墓葬，西亚的墓葬是火葬、天葬、居室葬等，强调的是灵魂的纯洁。

而裴李岗文化这些墓葬都排列得非常整齐，可见他们是将生前现实生活中讲究的社会秩序延续到了身后。这说明当时古人已有较强的社会组织能力。

另外，考古也发现，一个墓地有时要使用一二百年，甚至五六百年，可见中国人很早就有历史记忆传统。一方面对祖先

引自《舞阳贾湖》，彩版九

河南贾湖大墓基本都是成年男性

之事记忆深刻，另一方面，也为自己长期在此的农耕生活提供了合法性，暗示着"我祖上就在此，这是我家的地盘"。

进一步和贾湖的墓葬结合起来看，那些大型墓葬里基本都是成年男性。当年对距今6 000多年的仰韶文化是母系社会还是父系社会曾有争论，裴李岗文化距今8 000年，它已经体现了父系社会的特征。

几地同时出现数字卦象符号，与八卦周易极为相像

在贾湖遗址中，发现了不少龟甲里面包含石子，应当是龟占用具，有的龟甲上面有符号，可能表示占卜结果。在同时期渭河流域的秦安大地湾、临潼白家村等遗址，在陶器上发现了类似的彩陶符号。而相距很远的长江下游的上山文化，在浙江义乌的桥头遗址，有的用于祭祀的陶器上也出现了四组白彩

引自甘肃省文物考古研究所编著,《秦安大地湾：新石器时代遗址发掘报告》(上册)，文物出版社2006年版，图版七四

秦安大地湾遗址出土的彩陶片

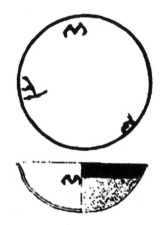

引自中国社会科学院考古研究所编著,《临潼白家村》，巴蜀书社1994年版，第86页

临潼白家村遗址出土的陶器

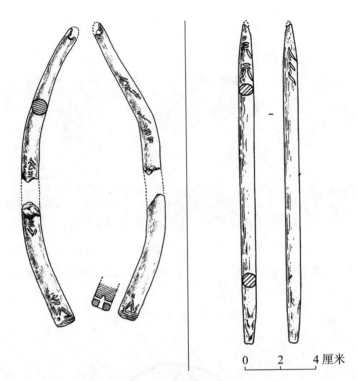

0　　2　　4厘米

引自浙江省文物考古研究所、萧山博物馆编，《跨湖桥》，文物出版社2004年版（左图：鹿角，第190页；右图：木签，第199页）

萧山跨湖桥遗址出土的鹿角和木签

的符号，每组六画，和八卦周易的"六爻"基本一样；而不远处的萧山跨湖桥遗址，鹿角上、木签上所刻的符号也是六个一组，研究者认为这就是数字卦象符号。

通天神庙、獠牙飞龙、双凤托日，中国人的一元宇宙观

若我们纵横数千公里，从黄河、长江流域到西辽河流域，就会发现好几个地方都有祀天仪式和飞龙形象，这说明中国古人普遍信奉一元宇宙观，即认为一个天一个地，天圆地方，这样的宇宙观会主导中国人特别崇尚统一、延续。周代文献中就有很多祭祀昊天上帝、皇天上帝、玄天上帝的记载，商代甲骨文中也有"上帝"或"帝"。"上帝"这个词是中国人的发明，指的就是上天，敬天法祖的信仰在 8 000 年前已经形成，此后沉淀在我们的文化基因里。

在长江中游的湖南洪江高庙遗址，发现了距今 7 500 年左右的规模较大的祭祀遗存，有边长为 1 米的四边形柱洞，推测当时建了很高的"天梯"或者"通天神庙"，周边有很多祭祀坑。这里发现了大量白陶，有的上面有人形图案，人头位置为八角星纹外面套着圆形，可能象征着天神。有学者认为八角星纹实际表达的是四方五位、八方九宫，是古人天圆地方宇宙观的集中体现。

特别值得一提的是，高庙白陶图案里大口带獠牙的形象，发掘者认为就是飞龙。无独有偶，在相距 2 000 多公里的辽宁阜新查海遗址，有一个长近 20 米的石头堆塑龙，在附近的塔尺营子遗址发现一块小石碑，上面有带獠牙的龙。多地同时出现龙形图像，可见中国大江南北早有一元宇宙观。

有趣的是，在 7 000 年前长江下游的浙江河姆渡文化中，发现了在象牙雕刻上有"双凤托日"的图案，这和湖南高庙白陶上的"双凤托日""双凤托龙"一脉相承。

引自贺刚，《湘西史前遗存与中国古史传说》，岳麓书社2013年版，彩版第16页

高庙遗址白陶罐上的飞龙图像

引自辽宁省博物馆、辽宁省文物考古研究院、内蒙古博物院、内蒙古自治区文物考古研究所编著，《又见红山》，文物出版社2019年版，第135页

引自内蒙古自治区文物考古研究所编著，《白音长汗：新石器时代遗址发掘报告》，科学出版社2004年版，彩版二〇

北方多地出现与湖南高庙白陶的獠牙飞龙相像的龙形图像

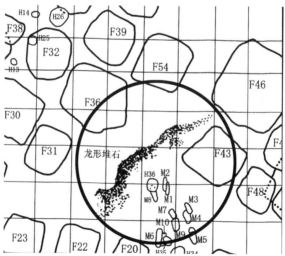

引自辽宁省文物考古研究所编著，《查海：新石器时代聚落遗址发掘报告》（下），文物出版社 2012 年版（上图：图版五八；下图：第 538 页）

辽宁查海遗址石头堆塑龙

中华文明起源第二步（距今 6 000 年至 5 100 年）

形成文化上的早期中国，出现宫殿式建筑，社会复杂化

中华文明起源的第二步开始于距今 6 000 年前后。此时地跨河南西部、陕西东部和山西南部三省的仰韶文化庙底沟类型较快崛起并向四周迅速扩张，使得范围广大的仰韶文化面貌变得空前一致。它的影响北到长城以北，东到海边，南到湖南，西到四川、青海。这是前所未有的现象，可以说文化上的早期中国正式形成，灵动变幻的庙底沟式彩陶到处都有。

人口暴增，聚落倍增，出现宫殿式建筑

这个时期的社会复杂化首先体现在出现了宫殿式建筑。从庙底沟类型核心区域的晋南豫西陕东来看，聚落数量增加了三四倍，人口暴增，有的聚落有几十万到上百万平方米的面积，有了 200 到 500 平方米的大型房子，也就是宫殿式建筑。黄河中游或者黄土高原地区到距今 5 000 多年时，秦安大地湾遗址面积达 100 多万平方米，发现了 429 平方米的结构复杂的宫殿式建筑。中间是大堂，有 2 米直径的火塘，有东厢房和西厢房，有前厅和后室。

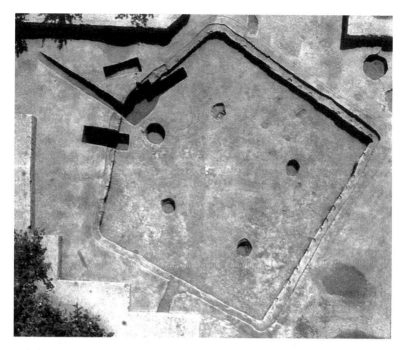

引自中国社会科学院考古研究所河南一队、河南省考古研究所等，《河南灵宝市西坡遗址发现一座仰韶文化中期特大房址》，《考古》2005 年第 3 期

仰韶文化核心区出现几百平方米的宫殿建筑（此为航拍图）

起源的中原模式、北方模式、东方模式

其次还能从墓葬大小和随葬品多少看出社会的复杂化。一方面出现了大型墓葬，有的接近 20 平方米。随葬品的不同也体现了文明起源的不同模式。在河南灵宝西坡大墓的随葬品里有象征军权的玉钺，表明首领地位很高，但随葬品很少。这就是起源的中原模式，其特点是生死有度、重贵轻富、井然有

理、务实执中。北方地区的北方模式具有大致相同的特点。

而黄河下游距今5 000多年的大汶口文化，大墓有二层台，随葬一二百件器物。这体现了文明起源的东方模式：波澜起伏、视死如生、富贵并重、奢侈浪费。在长江下游距今5 000多年的崧泽文化中，江苏张家港的东山村大墓里出土了19件玉器、5件石钺；安徽含山凌家滩最大的墓葬里竟然有330件随葬品，光玉器就有200多件，没有专业技能、不花费很长的时间是无法制作这些玉器的。这些玉器里包括占卜用的玉龟形器和玉筹、中间为八角星纹的"洛书"玉版等，这和湖南高庙的宇宙观有继承关系。

第三，在辽宁凌源建平牛河梁800多万平方米的祭祀遗址上，出现了"庙、坛、冢"。除了女神庙外，最重要的就是祀天的圆形"圜丘"和祭地的方坛。

中华文明的形成（距今5 100年至4 000年）

古国文明和王国文明先后出现

恩格斯关于国家社会形成的两个标准的观点，就是以地缘关系代替血缘关系和设立公共权力，而国家的出现就意味着中华文明正式形成。中华文明就是中华民族所拥有的高度发达、长期延续的物质、精神和制度创造的综合实体，中华文明

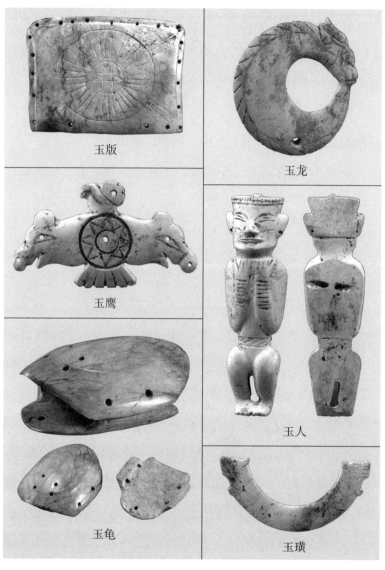

玉版

玉龙

玉鹰

玉人

玉龟

玉璜

引自安徽省文物考古研究所编，《凌家滩玉器》，文物出版社2000年版，第11、12、14、15、48、49、50页

安徽凌家滩大墓出土玉器200多件，每件都很精美

形成存在着从古国文明（距今 5 100 年起）向王国文明（距今 4 100 年起）演进的过程。5 100 年前，中国和苏美尔、埃及同时进入了国家社会，即文明社会阶段。

黄河流域出现三大古国：陇山、河洛、嵩山

距今 5 000 年前后，中国出现了多个区域中心，如西辽河的红山遗址、浙江的良渚遗址、长江中游的石家河遗址、山东的大汶口遗址等。就黄河中游的仰韶文化晚期而言，出现了三个中心，或可称为三个古国。它们分别是以河南郑州双槐

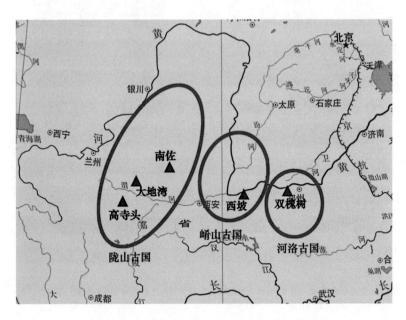

距今 5 000 年前后，黄河流域三大古国示意图

树为中心的河洛古国，以甘肃庆阳南佐为中心的陇山古国，以陕晋豫三省交界之处的河南灵宝西坡为代表的崤山古国。崤山古国出现得早，在距今 5 800 年左右，但结束得也早，在距今 5 000 年左右，但毕竟和其他两个古国曾并行了一段时间。

南佐遗址 2021 年之谜：水稻、白陶

作为南佐遗址考古发掘的主持者，韩建业和大家分享了 2021 年的最新发现。南佐遗址有 600 万平方米，核心区有九个夯土台，每个有 1 600 平方米甚至更大，"原来应该非常壮观"。夯土台外面还有 20 米宽 10 米深的大壕沟。"九台"围绕的核心区面积约 30 万平方米，中间是宫殿区。最近发现，宫殿区外边还有围墙，也就是宫城。看上去整体结构和紫禁城非常相像。这是国内迄今为止发现的保存最好、布局最严整的宫殿式建筑。有趣的是，在宫城东侧祭祀区出土了大量遗物，包括以百万粒计的水稻。在讲述中国农业社会形成时曾提到南稻北粟，为何在黄土高原会发现很多水稻呢？韩建业认为，当地播种或者来自长江中游都有可能。"我最近一直关注南佐和长江中游屈家岭文化的联系，不少东西似乎有关联。"更有意思的是，南佐祭祀区发现了多个带盖塞的精美的彩陶小口平底酒瓶，以及精美的带盖白陶簋，"白陶最薄仅一两毫米厚，制作原料和技术正在研究中，让我们拭目以待"。

2021 年最新发掘，甘肃南佐遗址出土最薄一两毫米的白陶和炭化水稻

陶寺的乐器、青铜，青铜时代何时来？

黄河中游地区的山西临汾陶寺遗址，有宫殿建筑、天文观象台、大墓，有些大墓里的玉器、石厨刀等，"和良渚文化、大汶口文化有密切联系"。随葬品里还有鼓、磬等打击礼乐器。到了大约距今 4 100 年，也就是夏代之初，陶寺大中型墓葬都被挖毁，还有各种暴力现象，说明这里曾经发生过一场激烈的战争或冲突，"应该和后稷部族流放尧的儿子丹朱有关系，这是我 20 年前的一个研究"。周人祖先后稷部族与北方地区的老虎山文化有关，正是老虎山文化的南下导致了陶寺的巨大变故，同样属于老虎山文化的陕北神木石峁石城面积就有 400 万平方米，中心的皇城台非常壮观，有发达复杂的军事防御设施。

到了夏代，陶寺遗址陶器上出现了朱砂写的文字，有了红铜铃和青铜容器残片，说明当时的人已经发明了复合陶范铜器铸造技术，"以此来看，大禹铸九鼎的条件是具备的，这说明中国在4 000多年前已经进入青铜器时代"。

引自中国社会科学院考古研究所、临汾市旅游发展委员会编著，《中国陶寺遗址出土文物集萃》，天津古籍出版社2018年版，第219—220页

在夏代出现朱书文字（文 / 易【尧】）、青铜环

更早的文字：良渚、陶寺、丁公的文字符号

陶寺遗址在夏代早期出现了朱书文字，其他地方还有更早的可能是文字的符号。比如世所公认的中华五千年文明的标志良渚遗址，陶器上写在一起的多个符号可能就是文字，山东邹平丁公遗址陶片上的 11 个符号也可能是文字。"甲骨文不可能是最早的中国文字。"

新发现冲击着既有的考古结论，韩建业展示了诸多具有极强冲击力的考古成果，也抛出很多疑问，有些还待更精准的科学考证。在对中国上古考古发现的梳理中，他的"一元

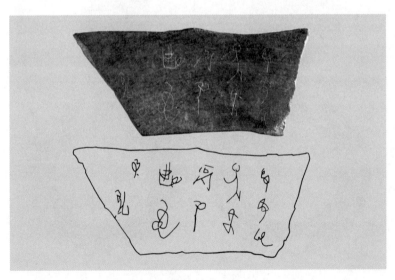

引自张学海，《龙山文化》，文物出版社 2006 年版（上图）；山东大学历史系考古专业：《山东邹平丁公遗址第四、五次发掘简报》，《考古》1993 年第 4 期（下图）

山东邹平丁公遗址陶片上的符号

引自龙虬庄遗址考古队编著，《龙虬庄——江淮东部新石器时代遗址发掘报告》，科学出版社 1999 年版（左图：彩版九；右图：第 205 页）

江苏高邮龙虬庄遗址陶片上的符号

多支一体"观点清晰浮现，一元的宇宙观，多支文化体系，6 000 年前形成文化上"一体"的中国，到了夏朝已有了初步的大一统。这个过程中沉淀了中华文明的基因，根子上说就是敬天法祖，由此连同诚信仁爱、和合大同，形成独特的"天下模式"，让中华文明延续至今。

引自苏州吴文化博物馆主页

良渚文化出土陶器上的符号

附录 1：国人哪些文化基因在中华文明起源之初已孕育？

哪些基因在中华文明起源之初已经内在？

文汇讲堂：习总书记说："中国有坚定的道路自信、理论自信、制度自信，其本质是建立在 5 000 多年文明传承基础上的文化自信。"2022 年 11 月中旬召开了 2022 年二十国集团领导人峰会和亚太经济合作组织领导人峰会，习总书记向世界传播中国式现代化的特征，比如人口规模巨大、人与自然和谐共生、走和平发展道路等。五大特征背后离不开中华优秀传统文化的支撑，请问哪些中国文化基因在中华文明起源之初就已定下来？

* 玉温润并有品质，符合当时政权特点和当代中国和平品格

陈胜前：中华文明的形成是一个漫长的过程，我特别强调距今 6 000 年到 4 000 年这段时间。现在普通民众往往把夏王朝的崛起当作中华文明形成的标志，实际上在 6 000 年前就已出现了类似崧泽古国这种具有社会复杂性的团体，距今 6 000 年到 4 000 年这 2 000 年历史对我们后来的文化产生了极其深远的影响。

如果一定要用一种物品或者物质来形容中国文化的话，我觉得玉最合适。因为玉的使用在中国有着上万年的历史，尤其是在距今 6 000 年到 4 000 年之间，在凌家滩、良渚、红山文化中，玉都表现得特别重要。

玉具有温润的品质，是那个时代政权的一个象征，其政治权力更多建立在威望的基础上，古史传说中的"五帝"在道德上都无可挑剔。我在讲到早期中华文明特点时，特别强调和平与内敛，这在当代中国人的品格里仍然表现得十分清晰，中国人与人交往的时候，首先都会强调其人品，这和西方人完全不一样。

* 三大水土特点养育出大一统观、高效行政系统、敬天法祖的理念

吕厚远：这是一个文化基因的观点，比较新。从我的专业讲，一方水土养一方人。我们国家的特点，一是地理格局上相对封闭；二是气候条件上是东亚季风区，自然灾害频发；三是北旱南稻的农业文明，提供了旱稻互补。在这样的地貌、气候和农耕条件下演进的中华文明，一定有对应的文化基因。对应的第

一点，是相对封闭的格局会逐渐形成大一统的天下观。对应第二点自然灾害频发，就需要一个强大的、高效的行政系统承担社会管理和社会辅助的职能。对应的第三点是农耕文化，农耕文化下人们要顺天应时，靠天吃饭，形成的文化特征就是稳定内敛、敬天法祖、天人合一。

上古各中心上层如何实现远距离交流传授技艺？

文汇讲堂：各古国中心是否存在上层交流？考古学上是否有证据表明各古国中心之间是如何交流和传播的呢？

* 为何是这些群体形成互动圈才是关键，传播往往是波浪式的

陈胜前：我先讲一个民族学的试验。大概是在 1960 年代，美国知名的考古学家宾福德（Lewis R. Binford）做过一批试验，他定制了一批彩色的球，送给爱斯基摩人（因纽特人），球上有特殊的标志，同时他给欧洲的人类学家写信，谁见到这种彩色的球，就写信告诉他。不到三年的时间，在欧洲的拉普兰人中已经发现了这种球。

在狩猎采集群体里面，陌生人之间交往，礼尚往来，只要见面，就跟现在人一样，都会拿一点东西做见面礼，越特殊越好。这种见面礼很快就循环出去了，两三年就普及开来。所以，文化扩散的途径并不是特别大的问题，问题是他们为何成

为一个互动圈，这才是比较有意思的，也特别重要。

　　为什么是这些群体之间形成互动圈？辽西地区跟贝加尔湖地区有一些类似的玉石交流，但是远远没达到文化上跟南边交流这么普及。能够形成互动圈是特别有意义的，大家彼此认同，考古学家特别重视这点。至于实现的途径，这个并不难。我们很多人思考这个问题的时候，是在用现代思维思考，即我一定要把东西送到那里去。其实传播是波浪式的，就像把一个石头扔到水里，波浪的能量就逐渐传递出去了，不一定需要水分子的长距离运动。

元宇宙已深入考古学展示的各领域，还应多引入自然科学理念

文汇讲堂： 你们觉得未来的考古学路上，还需要哪些科学技术的介入，比如元宇宙？

吕厚远： 元宇宙这个词，不太好理解，因为我接触得不是很多。但是我在最近去的几个考古遗址看到，现代的人工智能、虚拟世界等很多新技术已经进入考古学领域，传播速度是非常快的；考古学家也用了很多仪器设备。在技术引入的同时，我觉得自然科学的理念也需要逐渐引入，包括考古学研究范式的

突破，参考自然科学研究范式的原理、方法、应用、目标，大数据、定量分析、可重复检验等都可以慢慢和考古学研究结合起来。

陈胜前： 我最近看了三峡博物馆的线上展览，非常好，就已经用到了元宇宙技术，如陶器可以从各个角度观看。随着技术的发展，元宇宙对公众参与到考古学中来会有极其大的帮助，甚至对于考古学家来说都是了解遗址非常好的途径。这种技术能够全面深入展示文物，也就是说，技术的发展会深刻改变考古知识的传播模式。

附录 2：每个人都是历史的一个节点，必然带有其历史局限性

作为直接的物质遗存具有时间意义，考古会改变人的世界观

上海王勇律师：考古对城市更新有何作用和影响？

陈胜前：这是个文化遗产保护的问题，我讲一下自己的体会。记得我留学时第一次去美国，导师的秘书接待我，她的收入很低。但在她家里，看到她家里有不少老照片与老物件，出人意料。我突然意识到美国人生活的另一面，一个家不仅仅只有空间，还应该有时间，因为时间维度能极大丰富你对景观的体会。

我们留住城市的记忆，就是留住一些时间。文化遗产作为前人生活直接的物质遗存，不仅提供历史知识，还会直接改变我们对世界的认知。比如在一个特别干净的环境里长大的孩子，跟在垃圾堆旁边长大的孩子，对景观的看

法是不一样的。学过很多中国古代诗词的孩子，这个季节出门看到风吹树叶，就会随口说出"无边落木萧萧下"这样的句子，诗词对中国人的影响是无所不在的，直接影响我们对景观的感受。

史前人地关系研究中，科学与人文融合四步走

中国人民大学学生曹俊阳：史前人地关系过程研究当中，如何更好地把外部视角与内部视角、自然与人文科学研究融合起来？

吕厚远：这个问题提得非常好。如何把自然因素和文化因素结合起来研究，确实是我们搞环境考古、搞学科交叉非常重要的一个问题。

我的体会是先要分类。应该先把文化和自然的要素进行分类，分类是所有的学科开始研究的第一步，例如文化上有很多很多要素，你要把它分类。第二要量化。有各种各样的量化方法、加权方法，先量化。第三找时间节点，无论是自然变化的时间、空间的节点，还是文化演替的空间、时间的节点。对比自然、文化这两个时间空间序列的节点很重要。第四是进行数学分析，包括因果分析，或者建立模型等方面的分析，只有统计检验的结果才能让别人信服。

过程考古学中强调心物二分，
容易在祛魅中丢失文化含义

江苏同传翻译牛旭林：心物关系与辩证法的哲学对考古学的指导作用是根本性的，请问，考古遵循的是未来塑造历史，还是历史塑造未来？

陈胜前：这是一个特别基本的问题。考古学有两个范式，过程考古学和后过程考古学，其根本上的差别或者说哲学上的差别就是本体论上的。过程考古学认为心物是二元的，要采用科学的二元论，人要站在一个客观的立场上去认识物，心、物一定要分开，它在近代科学兴起时是一个很重大的进步，但也带来了副作用。因为早期人类社会里物与文化是融为一体的东西，如果一定要分开，就可能把很多文化意义给剔除了，就是我们现在讲的所谓祛魅的过程，其中一部分是除掉迷信，也有一部分则是剥夺了文化意义，这是一个挺大的遗憾。后过程考古学就特别强调心物一体。

至于是历史改变未来还是未来改变历史，这是一个认识论上的问题。我目前没有什么很好的想法。毫无疑问，我们当下的认识也是历史的产物，所以从这一点上看，历史决定了现代和未来。但我们现在研究过去，很可能把当下的一些观念倒映在了认识过程当中，比如我们好多人用农业时代的眼光去看狩猎采集者。这是不可避免的，每个人都是历史的一个节点，必然带有历史的局限性。

万年千年百年尺度上的人类活动耗碳量，还待研究

上海听友林须：您研究古气候及其对古农业与文明的关系，如何看待西方科技工业文明对全球气候环境的影响，以及中国农业文明的历史地位与未来？

吕厚远：西方工业化过程对气候的影响不属于古气候问题，但是确实非常重要。影响有多大？

第一点，我觉得逻辑是这样的：二氧化碳增加引起温度的上升，这是物理学的问题，没什么争议。

第二点，西方的工业化革命要比我们早很多，他们在整个工业化过程中释放了大量的二氧化碳，目前二氧化碳的水平已经接近（超过）430 ppm 了，比冰期时的水平高出一半以上。在这个过程当中，西方国家消耗很多资源，释放了大量的温室气体，他们要负主要责任。

第三点，在万年尺度上的冰期、间冰期，千年尺度上，百

年尺度上，人类活动影响的二氧化碳到底占多大的比例，现在还是一个科学问题，需要继续研究。

作为稀缺资源，上古不会将玉作为劳动工具

上海高校教师许冰：我是玉器爱好者，最早玉器是不是作为劳动工具使用的？它的温润、和平是不是后天赋予的意义？

陈胖前：最早我是做石器研究的，对这个问题有一些了解。在旧石器时代两百多万年的石器制作过程当中，几乎没有用玉做石器的，玉是很难被直接打制的，因为它具有纤维状的结构，玉只能琢。新石器时代开始有磨制技术，需要很耐用的石器，确实有一些玉可以作为实用的工具，但玉这种原料并不丰沛。一般用石英砂岩、石英岩来做石斧就非常好，用不着拿玉来做工具。

至于文化意义是后天赋予的这种说法，我认为不是很准确，因为玉的品质、物理属性古今是一致的，玉在古代就很温润，现在还是如此。物质性是在漫长的历史过程中，人与物的互动中产生的一种社会属性，至于它礼天还是礼地，这是在历史过程中被赋予的，但是像温润之类的品质是其本身固有的属性，跟人的感觉相关，这是没法改变的。

8000年：中华文明的起源

从天文学起源论证中华文明8 000年历史

冯 时*

> 通过对文献和考古材料的研究，根据中国自己独有的文明理论，已足可构建起中华文明至少8 000年的历史，而其起源时间当然更早。

我们常说中华文明上下5 000年，根据对中国古代文献和考古材料的研究，我提出了中华文明至少有8 000年历史的看法。事实上先人早已形成了完善的文明理论，我们是否要弃传统而重建一个文明理论来研究自己的历史呢？比如以青铜器技术要素来衡量文明。我认为没有必要。研究中华文明必须回归己身文明的概念体系。

从己身文明梳理中华文明概念体系

己身文明的概念体系和理论体系是怎样的呢？

---

* 冯时，中国社会科学院学部委员、考古所研究员。

文明不是国家，建立国家要有合法性的天命观

首先我想强调一个基本概念，文明和国家是不同的。西周康王时期的大盂鼎铭文开篇就讲，"丕显文王受天有大命，在武王嗣文作邦"。后半句翻成白话是"武王建立了国家"，其前提就是"丕显文王受天有大命"，很明显，国家诞生有前提条件，即要解决王权的合法性。

中国历史上第一个家天下的王朝夏王朝是不是这样？一样的！夏朝前的"禅让制"同样有一个权力合法性问题，这个合法性和天文有关，就是天命，从天文观测产生天命观，所以天命观就构成了中国传统文明的重要观念。由此可见，古人讲的"文明"和建立国家即"作邦"是完全不同的概念。

文明三本：道德立人之本，知识立身之本，礼仪治世之本

那文明是什么呢？其源头或基础又是什么？我对古人所建立的中华文明理论总结出"三要三本"：文明体系即道德体系、知识体系、礼仪制度。中国人讲的文明首先是人的个体文明，由此才形成群体的文明，最后形成社会的文明。

怎样塑造文明呢？

第一是道德体系，人要修德，文德就是立人之本。今天的人类学家所定义的人，是看古猿进化后，手脚是否分工，是否会制造工具，脑容量是否达到标准。在中国古代的思想家看

来，"人者仁也"，心怀仁德方成为人，所以道德体系成为中华文明非常重要的内涵之一。

第二是知识体系，为立身之本。知识体系包括很多，我提出天文学是中华文明之源。古人不仅强调知识体系，而且反对所谓的泛知识论，他们只需要对人类发展有意义的知识，而摒弃对人类有害的知识。今天的现代化即面临这样的选择。

第三是礼仪制度，为治世之本。中国古人靠礼仪治理社会，礼仪的根本目的是节人，节制人类的欲望。如果人类以无限的欲望去追求有限的财物就一定会生乱，所以中国古人创造了节制人欲的礼。

以上就构成了我所提到的中华文明的"三要三本"。

为发展农业，形成了天文学、数学、力学，天文为源

这"三要三本"的源头是什么？天文。中国文化很多核心思想都源于天文，源于天人关系。

人类历史上最古老的科学有三种：天文学、数学、力学。这三种科学都直接服务于古人的生产和生活，其中最重要的服务对象就是农业。古人创造人工栽培的农业生产方式，目的是为人类提供一种有保障的食物来源。这意味着原始农业一定首先发生在四季分明的地区，该地区人们面临的首要问题就是时间。一年中适合播种的时间可能只有短短几天，这就是农时。

误了农时会造成一年的"绝收",甚至直接造成氏族的生存危机。怎么掌握农时呢？只有一个办法，去观察星象。通过对星移斗转的观察制定时间，解决农时问题，于是天文学就发展起来了。

天文学发展需要精确化，数学就被引入了。同时为了适应农业生产方式，人从山洞走出来，为定居而建造房屋，因此力学又发展了起来。所以，天文学实际上是人类起源后发明的最早的一种古典科学，是我们的文化之源。

通过测影产生了诚信的道德观、节欲的礼制

天文学首先是通过天象观测、立表测影来规划空间和时间。通过时空规划能否产生道德？古人通过立表测影测得了夏至，发现过了一固定的时间后，夏至又测到了。一年、两年说

商周金文的"文"字：人正面站着，强调了他的心

明不了问题，一千年、两千年都是如此，他们会发现：我们和时间从没有约定，但是时间如期而至，永远都不会爽约。于是古人就产生了"至信如时"的观念，并把诚信作为道德的内涵来要求自己。商周金文的"文"字就是一个人正面站着，特别强调了他的心，表明人要修心。用什么修心？用道德修心。所以"文"字在中国传统文化里就有了文德的含义。

"德"字在西周才出现，在西周之前人们是通过"文"来表述道德的，儒家就把道德叫作文德，文首提到的"丕显文王受天有大命"明确告诉我们，文王的德行非常高尚，故用"文"作为谥号，也体现出传统的文明观就是道德，道德成为文明观最核心的部分。

古人在对时间的规划中产生了知识，产生了道德，同样也产生了礼仪。数千年前农业收获非常有限，古人对物质的消费态度就要有节制、有计划，这样就产生了礼。"礼以节人"，这就是礼制。

这"三要三本"的思想实际体现的是古代先贤总结出来的文明理论。

与天文相对，人文体现了以不变的传统"化"天下

《尚书·舜典》说"濬哲文明，温恭允塞"。"文明"形容的是舜个人的品德。这种文明来源于什么？来源于天文。《周

易·乾卦·文言》里讲得很清楚："见龙在田，天下文明。"天文观测和天下文明形成了固有的因果关系，因此天文是中国文明的源头。

孔颖达《周易正义》里说"天下有文章而光明"。"文章"，就是"文"彰显出来，这就是文明。今天说"腹有诗书气自华"，一个人学富五车，自然就可以从他的形貌上读出来，这叫"文章"。古人认为，容貌本是一个人修养的最佳呈现，是德容，因此要"以貌取人"。

这就是中国人讲的文明观，它来源于天文，而核心内容就是道德，内涵就是诚信，所以诚信成了维系社会最重要的因素。

其他文献在这方面表述得也非常清楚。

《周易·贲卦·象辞》说"刚柔交错，天文也；文明以止，人文也。观乎天文，以察时变；观乎人文，以化成天下"。"刚柔交错"是阴阳交错，阴阳交错就是天文，天文是天上的星象。中国古人看天和今天不一样，是看若干星星组成的图像。"文"是修养了文德后对原始野蛮的天然形貌的装饰，于是"文"字有了纹样、图案的意思，所以天上的图像叫作天文。

有了这些思想、制度以后古人会马上改变吗？不会。古人求的是不变，这种不变的传承，古人用四个字来概括，就是"文明以止"。这种不变的传承才能形成传统，不变的传统就叫"人文"。

接下来两句把人文和天文做了对比。天上的星象每时每刻都在运行，特点是变，观天文的目的就是察时变，为农业提供准确的时间服务。而"观乎人文"则是用不变的传统化成天下，就是文化。不变才能有积累，有积累才能深厚，深厚才能化人。这就是古人理解的"人文"。

再看《周易·大有卦》，"其德刚健而文明，应乎天而时行，是以元亨"。文明就是道德，道德从何而来？"应乎天而时行"，人们观天而知诚信，并用信建立道德，成就文明。

文明的观念澄清之后，我们就可以探索中华文明的历史到底有多长。

从考古实物来看中国文明观念

夏朝有文邑、文命、文夏，但"文"的源头可推至 7 000 年前

山西襄汾陶寺的夏代早期遗址发现"文邑"两字，用朱砂写在陶器上。根据我的考证，文邑就是夏代早期的王庭；夏代的始祖是夏禹，即治水的大禹，文献称其名为"文命"，"文邑"是因为大禹的名字"文命"而命名的。可见，重"文"的历史已可追溯到夏代。

无独有偶，在商代的甲骨文里也发现了"文邑"两字。到商代，夏代的王庭已成为夏墟，但那里仍然有人生活，仍然需

商周青铜器铭文，把夏代的国氏称为"文夏"（左侧前两个字）

　　要种粮食，所以会有"文邑受禾"的占卜。商周青铜器铭文，把夏代的国氏称为"文夏"。

　　夏代的始祖叫文命，夏代的王庭叫文邑，夏代的国号叫文夏，都强调"文"，据此可以把中国古人修养文德的历史一直推到夏代。孔子说儒家重视文德的传统来自夏、商、周三代，这是信史。

　　不仅如此，这个重文的历史还可以上溯到 7 000 年前。湖北秭归柳林溪的陶器上非常清楚地刻写了汉字的"文"。

贾湖 8 000 年前的"目"形，很可能是彝族的"吉"字

文字是中国古代知识体系中非常重要的部分。今天在贾湖发现的被称为最早的刻在龟甲上的字符，很多学者释成"目"，这是根据甲骨文来辨别的。但是中国的上古文明不是华夏一统，文字也不是汉字一统天下。我提出，中国的上古文明是"夷夏东西"，和华夏文明相对的就是东夷文明，东夷族也有自己的文字，就是今天分布于川滇黔桂的彝族的祖先古老文字。

如果用汉字的"目"去读，不太能够讲得通——"目"为何要刻在龟甲上？即便可以解释贾湖文字，那么良渚发现的同

引自《舞阳贾湖》1999 年版，彩版四七

贾湖龟甲上的字符"目"，很可能是彝文"吉"

类文字也不好解释。而在彝文里也有这个字，它是"吉"。甲骨是占卜所用，求吉避凶，所以要刻"吉"字。商代甲骨文里也经常刻"吉"，用来祭天的玉璧上也刻了"吉"。贾湖发现的文字至少在 8 000 年以前，由此可以证明，作为中国知识体系的重要部分，文字的产生至少有了 8 000 年的历史。

贾湖的所谓骨笛其实是古人定时的十二律管，已有阴阳概念

知识体系还有着非常重要的文明创造。比如大家所说的骨笛，我认为是律管，也就是中国古人定时用的十二律律管。

中国古文献记载得很清楚：管有十二律之音，"物开地牙，故谓之管"。笛是可随便采一根竹子来做的乐器。现在舞阳发现的管，都取自丹顶鹤的肢骨，而丹顶鹤是一种知时间的鸟，即候鸟，特意采知时鸟的肢骨制成音律，用来"候气"，这就是中国古代十二律的产生及用处。

最早的律管不是乐器，而是用来测十二气的。每个月都有中气，中气一定要用相应的律管来测，这个制度在《礼

引自《舞阳贾湖》1999 年版，彩版四〇

贾湖的所谓骨笛可能是古人定时用的十二律律管

记》《吕氏春秋》里有完整的记载，《汉书》形成了《律历志》。十二律中配于奇月的叫六律，配于偶月的叫六吕，所有的律都是阳律，所有的吕都是阴律，所以律管分为阴阳，形成"律吕制度"。在贾湖墓里随葬的两只律管，通过测音发现，正好一是阳律、一是阴吕，说明在 8 000 年前人们就完成了对阴阳的思辨，渊源深厚。

以律管定时还是一个相对粗疏的做法，后来人们发明了立表测影定时的方法。湖北秭归东门头出土了最早的石碑，就是测影的表，时间约为距今 8 000 年。测影的表后来在距今 4 000 年左右的陶寺也有发现，古人用来测日影，并以此规划空间和时间。

约 8 000 年前古人已经制定精确的九宫图确定空间

对空间的规划体现于中国古代最完整的九宫图形。中间的十字交叉叫二绳，外围四个角的部分叫四钩，四角的位置有四条斜线叫四维。这些图形到底出现在什么时代？

在距今 7 300 年的安徽蚌埠双墩和距今 7 000 年的湖北秭归柳林溪分别发现了二绳图像。古人以二绳表现东西南北中五方。这样的二绳图像在东周的青铜器上也可看到，在二绳的四个端点和中央分别装饰了五个太阳，这明确告知我们，二绳是通过立表测太阳的影子规划出来的。

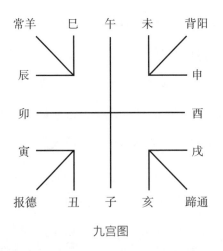

九宫图

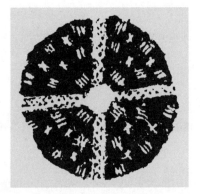

引自阚绪杭主编，《蚌埠双墩——新石器时代遗址发掘报告》，科学出版社2008年版，第216页

引自国务院三峡工程建设委员会、国家文物局编著，《秭归柳林溪》，科学出版社2008年版，第118页

距今7 300年的安徽蚌埠双墩和距今7 000年的湖北秭归柳林溪分别发现的二绳图像

在商代青铜器的底部发现了二绳加上四钩的日廷图。安徽蚌埠双墩则发现完整的九宫图，是二绳加上四维。而在安徽阜

阳双古堆出土的西汉太一式盘上则有完整的九宫图，和7 000至7 300年前陶器上精确的九宫图一模一样。

这些图像告诉我们，当时的人们用表可以精确地规划空间和时间，这些约8 000年前的材料足以帮助我们建构中国原始文明的知识体系。以后人们发明的知识或制度，都建立于此基础之上，没有这个知识基础，一切都等于零。

西水坡墓葬的龙虎和人的胫骨展现了天文图

间接推论来说，天文学的起源是为了服务农业的生产，农业起源的先决条件是古人对时间的掌握。今天考古学显示农业起源已可追溯到万年以前，这意味着那个时代人们对时间已基本了解，即天文学已经起源。那么我们有无直接的材料来证明天文学的起源和文明起源大致在同一个时期，即天文学是中华文明之源呢？

来看河南濮阳西水坡的一个距今6 500年的宗教遗存。

这个遗存包括了自北向南的四组：第一组是最北边的墓葬，向南25米是第二组遗存，再向南25米是第三组遗存，最后向南25米是第四组遗存。四组遗存的特点是严格地摆放在一条南北子午线上，只不过相隔了25米而已。这样的布局告诉我们，当时的人们已经懂得了规划空间。规划空间靠刚才说的立表测影的表。

引自孙德萱、李中义，《中华第一龙——濮阳西水坡蚌壳龙虎图案的发现与研究》，
《寻根》2000年第1期

西水坡遗存中的第一组墓葬

　　最北面的墓葬，除了主人之外，在主人的东西两侧分别用蚌壳摆出了龙和虎的图像。龙和虎是中国天文学中的四象，四象的原型在天上，龙是由角、亢、氐、房、心、尾六宿组成的形象，虎由觜和参宿组成，朱雀有张和翼，至于玄武，考古学研究发现，龟蛇合体的玄武形象在战国才出现，早期这个象是鹿或麒麟。今天在墓葬里看到龙和虎，能不能认定它们表现的

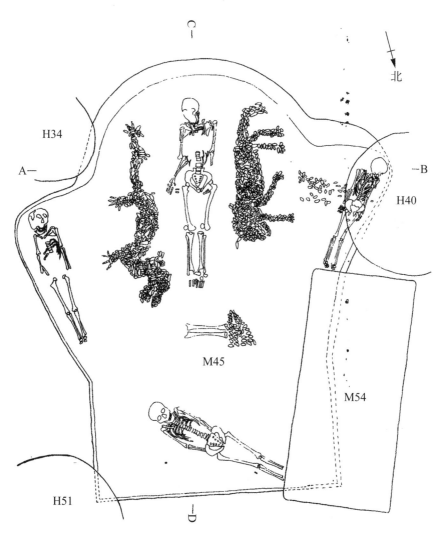

H34

A —

— B

北

H40

M45

M54

H51

引自孙德萱、丁清贤、赵连生、张相梅，《河南濮阳西水坡遗址发掘简报》，《文物》
1988 年第 3 期

墓葬平面图

就是天上的星象呢？不能。只凭龙虎得不出这样的结论。

在墓主人脚下还有一个图案，这个图案一部分由蚌壳组成，另一部分放了两根人的胫骨，这个造型很像北斗星。如果是北斗，北斗星和龙虎星象就必然会建立起一种固定不变的位置关系。沿着北斗星的斗柄往前找，可以找到角宿，就是龙的角。沿着北斗星的斗勺往前找，则可以找到觜宿，觜是嘴，也就是虎头。因此，北斗星的斗柄和龙角拴在一起，斗勺和虎头拴在一起，这个关系固定不变。西汉司马迁的《史记·天官书》把这个关系清楚地记录了下来，他说"杓携龙角""魁枕参首"，杓是斗柄，魁是斗勺。用这个位置关系检验墓葬，就可发现，墓主人脚下的图像如果是北斗，那两根人的胫骨表现的恰恰就是斗柄，指向了龙角，而斗魁正好枕在虎的头部，这个方位关系和实际天象完全一样。

人体测影曾是古人用来规划时间和空间的主要方法

是否可下结论，这个图像就是表现北斗星呢？还不行。

为何把北斗星塑造成这样一个特殊的造型？这个问题需要解释。这就必须回到中国古人观象授时的传统。古人夜晚主要观测二十八宿和北斗星。二十八宿分布在天球赤道附近，因此每天所看到的星宿只有一半，而北斗星每晚都能看到，它围绕北天极在旋转，就像在北天的中央悬挂的大钟一样，根据斗柄

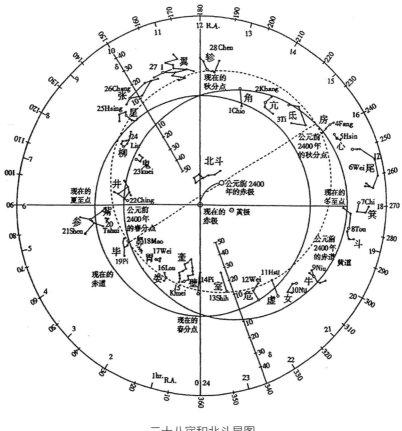

二十八宿和北斗星图

的变化可以了解时间的早晚。所以北斗星成为中国古人观象授时非常重要的星。

北斗星和二十八宿只能在夜晚看到，那白天看什么？太阳太明亮，看不了，中国古人很聪明，看太阳的影子。立一个表，可以根据太阳影子的长短和方向的变化，观测时间的变化。最早人们认识的影子是谁的影子？当然只能是自己的影子，所以最早的测影工具就是人体自身。中国古代神话中的"夸父逐日"，不是追太阳，而是人体测影。司马迁的《史记·夏本纪》讲大禹治水"身为度"，也是人体测影的反映。

更形象的证据还有甲骨文"昃"字，昃指日中过后的午后时间，相当于现在的 13 点到 15 点。古人画了一个太阳和一个斜的人影，通过斜的人影表现时间。因此，在人们发明表之前，人体测影是通行的做法。

北斗造型表明了古人在白天和晚上计时的两种方法

人体测影可以永远维持下去吗？不行。天文观测的精确化追求的是毫厘之间的变化，于是人们要发明一种天文仪器取代人体测影。这种天文仪器实际是模仿人体测影发明的，它就是表。古人的观念非常朴素，能够支撑人体直立完成测影最关键的部位是什么？当然是腿骨，这使腿骨的名称自然被移用作为表的名称，就是《周髀算经》中的"髀"。髀有两个意义，一是人的腿骨，另一是测影的表。石质的表就是碑，最早的碑是用来测影的。髀和碑都是测影的仪器，差异只是材质不同。

说到这里就明白了，墓葬里表现北斗斗柄的两根人的胫骨（腿骨），就是髀，象征人们白天测影的表。北斗的这个特殊造型表明：古人白天通过立表测影来计时，晚上通过观测北斗星来计时，这两种方法的结合，就创造了北斗的图像。

有的朋友还有疑惑，我再讲一个常识——勾股定理。

直角怎么得来？立表测影。首先须将地面修整水平，然后把表垂直地立在水平的地面上，表和水平的地面就构成了直角，人们把表的高度叫股，表影的长度叫勾，表顶和影端的连线叫弦，形成直角三角形。古人为何把表的高度称为股呢？其实就来源于古人最早把表称为人的髀股的事实。

这充分证明：墓葬随葬的龙虎和北斗，共同组成了一幅迄今为止人类历史上最早的星象图，时代为距今 6 500 年。

距今 2 500 年的曾侯乙星象图是 6 500 年前西水坡星象图的传承

湖北随州战国初年曾侯乙墓发现一个二十八宿漆箱。漆箱盖绘有一幅星象图，中央是一个篆书"斗"字，表现北斗星，周围书写了一圈二十八宿名称，左右两侧分别画了龙和虎。如果把二十八宿名称涂掉，图上看到的就只有北斗和龙虎，表现的内容和西水坡星象图完全一样。

除北斗和龙虎之外，图中虎的腹下还有一个火形，即《诗经·豳风·七月》"七月流火"的"火"。它是位于龙心部位的红色一等亮星，不仅是指导农业生产最重要的时间指示星，也是编订历法最重要的时间指示星。古人把这颗星放在虎腹之下

引自湖北省博物馆编,《曾侯乙》,文物出版社 2018 年版, 第 228 页

战国时期的漆箱上的星象图与西水坡星象图完全一样

究竟表现什么? 虎象征着日落的位置, 在日落以后人们在天上找不到大火星, 它和太阳一起沉没下去了, 这是观象授时的重要天象。

我们回过头来再看西水坡的墓葬, 同样有一堆蚌壳放在虎的腹下, 只不过由于零散, 人们已看不出它的形象。然而把西水坡星图和曾侯乙星图进行比较就可以发现, 西水坡星图位于虎腹之下的这堆蚌壳应该和曾侯乙星图虎腹之下的火形一样, 表现的都是大火星, 这为我们确定西水坡蚌塑星象图提供了非常坚实的证据。

但当我们回顾两幅星图年代的时候, 或许有朋友会大吃一惊。西水坡星图的年代是距今 6 500 年, 而曾侯乙星图的年代却是距今 2 500 年，两幅星图竟相差了 4 000 年，但内容却几乎没有任何改变。这说明了什么？还记得《易传》讲的"文明以止"吗？古人创造出知识和思想后，会马上改变吗？不会。这些知识的形成需要十几代、几十代人的探索，古人当然希望它不变地被传承下去。这种知识的传承就是"文明以止"，这是中华文明的特点，只有这种不变的传承才能形成传统。

如果西水坡的天文知识经历了 4 000 年都没有改变，那么探寻西水坡文明的源头是否可以再向前追溯 4 000 年呢？这样，万年天文学起源的推测和今天考古学显示的农业起源的时间就重合了。即使打一个对折，中国天文学的起源也可以上溯

引自湖北省博物馆，《曾侯乙墓》，文物出版社 1989 年版，第 356 页

曾侯乙星图虎腹之下有火形

到 8 000 年前，从而与前面列举的所有实例相符合。显然，通过对文献和考古材料的研究，根据中国自己独有的文明理论，已足可构建起中华文明至少 8 000 年的历史，而其起源时间当然更早。

扫码聆听冯时老师讲座精华

中华礼乐文明的因素已在 9 000 年前的贾湖萌芽

张居中 *

贾湖文化的发现，再现了中国距今 9 000 年至 7 000 年间的辉煌，中国进入万年以来第一个文化上的高峰，和西亚两河流域的同时期文化相映生辉。

文明的因素怎样产生？怎样从点点星火发展为燎原之势？怎样从少数人的行为发展成整个社会遵从和崇尚的行为、通行的标准？通过 9 000 年前的贾湖文化，对文明起源问题可以进行更深入的探讨。

中华文明起源得益于经济基础、思想基础以及由之而形成的特质

文明的标准应是在思想和道德层面，而国家的标准则是在

---

* 张居中，中国科学技术大学科技史与科技考古系教授、贾湖遗址发现与研究主持者。

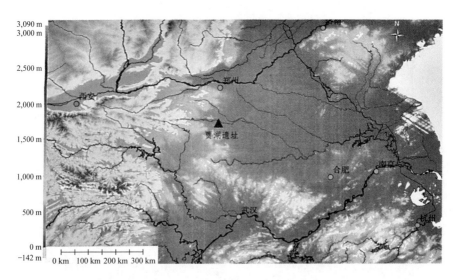

9 000 年历史的贾湖村（今属河南省漯河市舞阳县）位于淮河上游支流沙河和澧河间的平原上

政治和社会层面。中国文明因素的形成与发展有其阶段性，社会进化有其复杂性。中华文明起源的进阶与国家形式的演进大致分为：百万年根系、万年奠基、8 000 年的起步、6 000 年的加速、5 000 年形成进入古国时代、4 000 年发展进入王国时代、2 200 年深化进入帝国时代。而思想道德层面的文明因素伴随着各个阶段不断地进阶、普及、深化、提高，逐步制度化。

我认为，中华文明起源与发展有其很深厚的经济基础和思想基础。经济基础植根于长江、黄河两大河流域的农耕社会形成的南稻北粟的二元结构，兼有南北之利的"五谷""六畜"的经济结构，这些使得中国社会立于不败之地，不断向前发展。从思想基础来看，有天人合一、君权神授的天文观，敬天法祖的文化传统和牢固维系的血缘纽带。

因此，中华文明的特质体现在三个方面：一是礼乐制度的创建，各种婚礼、葬礼、成人礼、祭祀礼等，以黄钟十二宫为代表的雌雄律例；二是大一统观念的形成，这可从史前到王国时期、再到帝国时期所形成的八方、九州、五服制度中得到体现；三是"天行有常"的民本思想，体现为"天行有常，不为尧存，不为桀亡""民为贵，社稷次之，君为轻"等。

对考古人来讲，首先接触到的与礼乐文明相关的往往是墓葬材料、墓葬所反映的葬礼等，所以我这里主要从墓葬材料切入讨论文明起源问题。

贾湖遗址是新石器中期位于黄河和长江之间的重要代表性遗址，从 1983 年发现至今有过 8 次发掘，据碳−14 等方法检测得知，其年代为距今 9 000 至 7 500 年，分为三期。我认为，贾湖文化和裴李岗文化是同属于裴李岗时代、虽有先后但大体并存的两支亲缘文化，既有时代共性，但也有各自特征。需要一提的是，在延续了 1 500 年后，贾湖文化衰落，在当地继而转化为 7 000 年之前的仰韶文化。

我非常认同冯时确立的文明体系的"三要三本"，因此从这个角度展开论述贾湖文化之中呈现出的文明因素，及其在中国礼乐文明起源与研究中的重要地位。

知识层面：原始科技成就

原始科学思想的产生和技术的发明是经济发展和社会进步的基础，是在人们长期生产和生活实践中产生和发展并不断进步的，也是中国礼乐文明因素产生的经济、社会和思想基础。贾湖文化时期的原始科技成就主要反映在以下九个方面，构成距今 9 000 到 7 500 年间的知识体系。

食物中野生植物占比较大，稻种处在驯化状态中

第一，生物学的萌芽。早期贾湖古人通过采摘获得可食用的野生植物，如菱角、莲藕、野大豆、橡子，还有山药、薏米、小麦族植物等。此时栽培农业水平很低，尚处于低水平食物生产阶段，从一期到三期的炭化植物遗存证据看，可食用的野生植物在贾湖先民的食谱中占据优势地位。

从考古发现中出土的捕猎工具有石球，捕捞工具则有鱼叉、鱼镖、网坠，动物骨骼有丹顶鹤、扬子鳄、闭壳龟等，由此推测狩猎以鹿、貉、兔子等中小型陆生动物为主，捕捞主要是鱼、蚌、螺等。对野生植物的采食和利用，以及对野生动物的狩猎和捕捞，都是人类在对野生动植物长期观察的基础上选择的生存策略，更是发展种植业和养殖业的基础。我们可以认为这些是人类生物科学的萌芽。

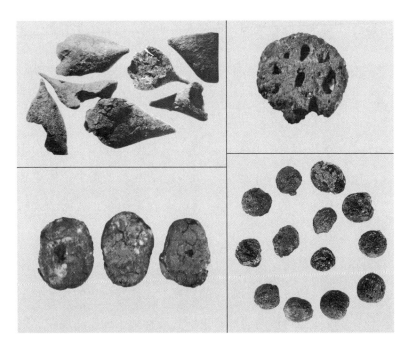

可食用的野生植物在贾湖先民的食谱中占据优势地位，自左向右，自上向下为菱角、莲藕、野大豆、橡子

第二，稻作农业起源。从事稻作农业是贾湖文化比较有代表性的特点之一，其栽培稻至今仍为长江以北最早。从贾湖发现的翻土、收割、加工等一系列农具看，当地已出现典型的栽培农业特征，这是当时人类农业行为非常重要的佐证，是中国稻作农业形成过程中早期的一个"似农非农"阶段的代表。我们对炭化水稻进行分析后认为，贾湖水稻处于早期的驯化状态之中。

猪是最早饲养的肉食来源，狗是人类朋友，已有人工养鱼

第三，家畜起源。贾湖肉食的来源除了狩猎和捕捞外还有家畜饲养，主要是猪和狗。通过多种手段研究表明，贾湖猪是中国最早的家猪，在墓葬中发现有随葬猪下颌骨的现象，但没有发现猪的整个骨架。当时，人类可能已经将狗当作朋友，在遗址里面零星的狗骨头很少，基本上是整个个体单独埋在房子和墓葬的边上，狗活着给人看家护院，死后继续给墓主看家护院。

除了饲养猪狗，贾湖遗址还发现一个现象，即大量集中捕捞鲤科鱼类。通过对鱼咽喉齿的研究发现这些鲤鱼的尺寸大小差不多，说明当时贾湖遗址有集中管理和集中捕捞的现象。集中捕捞则意味着应该有集中管理行为，由此，我们推测贾湖人可能存在一种早期的养殖行为。

墓葬均为东西向，已有定位工具，骨笛与吹律听风有关

第四，朴素天文知识和方位概念。在贾湖出土的陶罐上有太阳纹的符号，石器上还有很像闪电的符号，应该是当时古人对天象观察的记录。而观察天象主要是为了发展农业，是不是当时已有了像西水坡一样系统的天文学知识？不敢说。但是至少已经有了天文观察。

先民已有鲜明的方位概念。贾湖的墓葬基本上都是东西向

随葬品中发现有狗的整个骨架，但没有发现猪的

的，270度左右占半数以上，稍微偏西南西北一点，说明很可能当时已经有了方位概念和定位技术。考古中发现的象牙骨板和垂球一类的吊坠，推测是类似测量和定位的工具。

吹律听风体现在墓葬里出土的两支骨笛组合上，说明人们对音律有了规律性的认识。先秦至汉的天文历法有吹律候风转向气候变化的漫长过程，是否在距今9 000到7 500年时，已经有了从听辨风向到观测地气的功能演变？如果成立，贾湖骨笛的功能之一可能与吹律听风有关。

喜爱用绿松石作装饰品，以其天青色喻天象

第五，对地貌环境和岩矿资源的利用。贾湖遗址可获取石料的范围，普遍达到距离遗址24公里以外的区域，大部分石料的获取在50公里左右的资源域内。尤其是绿松石，在墓葬里发现有的墓主人全身撒着绿松石，由此推测贾湖人喜欢利用绿松石作为装饰品，甚至作为宗教礼仪用品。这很可能与绿松石的天青色有关，利用天青色象征天象，寓意着祈望墓主人灵魂升上蓝天。其次，因为获取石料有一定的距离，说明当时已有远程交换行为。

第六，原始的数学知识。这主要体现在八音的发明，因为七孔笛可以吹奏出八音，八音至少说明对数字八有所认识；不仅有对八的认识，而且贾湖人应该已经发现了数字的奇偶

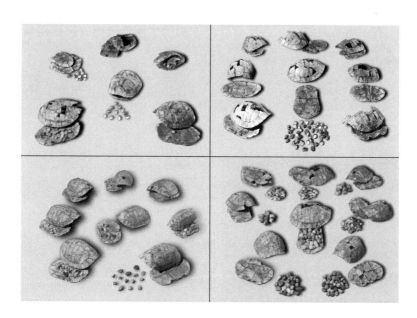

墓葬龟甲里的小石子都是偶数组合

规律。墓葬的龟甲都是8、6、4、2偶数组合，里面大部分都装有石子，不管是占卜还是计数应该已有了正整数的计算概念。

第七，物理学知识。主要反映在对旋转力知识的利用和推力知识的利用上。旋转主要体现在生活器具中，主要是钻、纺轮，推力体现在弓箭上，随葬品里的箭头是一把一把的。

已有米酒，学会烧制900摄氏度的陶器和低温明器

第八，原始化学。这首先体现在陶甑的出现上，表明贾湖

人有了对蒸汽的认识。还有酒精饮料的出现，表明人们已对发酵知识有了一定认识并加以利用。通过检验，发现贾湖陶片上含有酒石酸，这是中国最早的米酒之一，起源于 9 000 年前。贾湖先民还发现了水、火、土的特性，利用这个特性制作了陶器；而且当时已经有了陶窑，有的窑还有通向窑外的烟道，应该是封顶窑。陶器基本上是 800—900 摄氏度烧制的，也有超过 900 摄氏度的，明器温度会低一点，低于 700 摄氏度。

第九，贾湖人的建筑技术。有通过初步规划的定居的村落、围濠，房子有半地穴、浅地穴式，平地起建，个别栏杆式，单间为主，少数有多间的。

思想层面：文明因素的塑造

经济技术的发展，人群的交流，思想的碰撞，催生了文明的火花，思想道德层面有一定程度的进阶与升华，形成了当时的思想体系，在中华礼乐文明的起源与初步发展进程中具有奠基性的意义。

陶鼎罐壶明器组合成为当时淮河、黄河、长江流域的葬礼时尚

第一，陶鼎的发明。陶鼎代表东南方圜底器的传统，与代表北方的平底器传统相结合，促进了鼎的发明，将角把罐的角

东南方的圜底器和北方的平底器结合促进了鼎的发明，后演变为传国重器

把移到圜底釜的底部，就形成了鼎类器，这个比罐用起来要方便。贾湖人首先把它引入葬礼，赋予宗教含义。这种理念迅速传遍了淮河、黄河、长江流域，并流传至今，成为中华礼乐文明重要的元素。后来鼎类器物由陶器演变为金属器，从一般的炊器发展为传国重器，现在还有"定鼎中原"的说法，其源头就是由贾湖人发明的陶鼎。

第二，贾湖人当时已经有了族外婚萌芽。我们通过锶同位素分析了解到，贾湖一期几乎没有外来的人口，而二期开始有大量的外来人口，并以女性居多，说明当时可能已经有了优生学的萌芽，"同姓为婚，其世不繁"的文明认知，往上追可能就能追到贾湖这个时期。

第三，酒的发明。酒是巫师通灵的道具，作为人群交往的润滑剂，饮酒与原始宗教仪式有关联。

龟和占卜现象的结合，可能是"象数思维"起源

第四，原始的崇拜和萨满教的仪式。贾湖随葬品有成组的内装石子的龟甲、雌雄共存的骨笛、类似彝族毕摩乌突的权形骨器等原始宗教用品。这表明当时巫术盛行。随葬龟甲和墓地葬狗现象表明，祖先崇拜、龟灵崇拜与犬牲现象并存。有一些房子的柱洞里有用龟和鳖奠基的现象，寓意是稳固。用龟占卜可能是象数筮占，是一种冷占数卜现象。

手摇龟甲响器可能是驱鬼逐邪仪式的法器

文献中有关于龟卜的记载，龟和占卜现象结合，使人们联想到传统的"象数思维"的问题，这种源头可能也能追到贾湖时期。龟里面装着石子，有人认为是龟铃，龟腹的石子的功能之一是发声，手摇龟甲响器可能为驱鬼逐邪仪式的法器。这种法器文献中也有大量的记载。

第五，音乐成就。多音阶骨笛和吹律候风。贾湖骨笛有两孔、五孔、六孔、八孔之分，大部分是七孔，在距今9 000年最早的一期出现了六孔骨笛，并能吹出完备的五声音阶，这个结论打破了原来传统的先秦才有五声音阶的认识，改写了中国音乐史，在世界音乐史上具有重要的地位。有学者研究认为骨笛应该叫龠，上古时候的龠，同时作为礼乐文明的证据之一，也一直对后世有很深远的影响，至今的祭孔大典上仍然有龠这种道具。

贾湖骨笛是丹顶鹤的尺骨做的，1999年我们在《自然》（Nature）上发了封面文章，引起了轰动。关键是骨笛的音乐性能，其C和D两个音，尤其是C6音贯穿了早中晚三期的笛子，C6是中国传统音乐里面很重要的音素，对后世的音乐文明具有非常深远的影响。

第六，关于符号的问题。在贾湖龟甲、石器、骨器、陶器上发现将近20个符号，这些符号有一些和甲骨文相似，但是不能说就是甲骨文，它们至少为汉字的起源提供了很重要的线索，有待进一步研究。

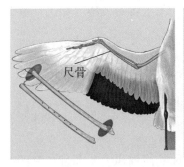
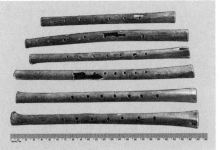

贾湖骨笛由丹顶鹤尺骨做成

社会层面：礼乐制度的萌芽

原始科学技术的发明与进步促进了经济发展，人们的社会生活出现了初步的复杂化现象，而思想道德层面同时也得到了一定程度的进阶与升华，继而对社会管理也产生了制度化的要求，即秩序、规范与仪式化。这就是具有东方文明特征的礼乐文明的萌芽。具体体现在四个方面。

雌雄笛与阴阳律有关，或还与度量衡直接相关

第一，陶明器组合的出现。比如鼎、罐、壶，它们的个头比实用器小得多，烧制火候也很低，只能参与葬礼活动，而不适合活人使用。比如明器的鼎，个头还没有脑袋大。

第二，雌雄笛表明雌雄、阴阳律的存在，也和度量衡直接相关。《汉书·律历制》里谈到"同律度量衡"，《淮南子·天文训》里有"古之为度量，轻重生乎天道"。贾湖雌雄律与黄钟十二宫有一定的联系。一个墓葬里面出现两支笛子，一种形式是放在墓主人大腿的两侧，另一种形式是放在墓葬身体的一侧，后者可能是葬礼上用的，而前者应该是墓主人生前的日常随身用品。

第三，瞑目与敛尸衣体现了玉殓葬的萌芽。贾湖先民把绿松石放在眼窝里面，这是瞑目的滥觞，虽然文献中记载玉

火候较低的明器专门制作后用于葬礼，图中比较可见个头都比实用陶器小很多

瞑目现象是在西周才正式出现的，但在贾湖已经出现了这种萌芽，这也是葬礼中的一个仪式。除了瞑目现象之外，在考古中还发现有敛尸衣现象。一位墓主人身上密密麻麻都是绿松石，绿松石看似没有什么规律，从脖子一直到腿上都是，像绿豆那么大，但都有穿孔，说明可能是缀合在某种织物上的，相当于后世敛尸衣的形式。这也应是葬礼上的一个步骤，利用天青色的颜色象征天空，寓意祈望墓主人灵魂升上蓝天。

人口增加催生权贵阶层，上等人的修养成为时尚

第四，礼制的萌芽，显示出秩序、规范、仪式化。尤其是有的墓葬中有鼎罐壶形制的明器随葬。贾湖墓葬中还出现了一个特例。一个房子底部有两个非正常死亡但又厚葬的人，遗体之上有成堆的随葬品，还有在葬礼上葬入的龟甲组合。这是不是与人祭或者特有的现象有关？很难判断。从埋葬的位置和葬入的方式来看，非正常死亡可能与房子的奠基有一定的关系。

另外出现了专门用龟鳖做祭祀的坑，还有房子边上埋整条狗的现象，而出土的杈形骨器也具有法器的性质。

随着人口的增加，人群之间的暴力冲突也逐渐出现，经济技术的发展导致财富的增加，催生了权贵阶层的出现，有些人随葬

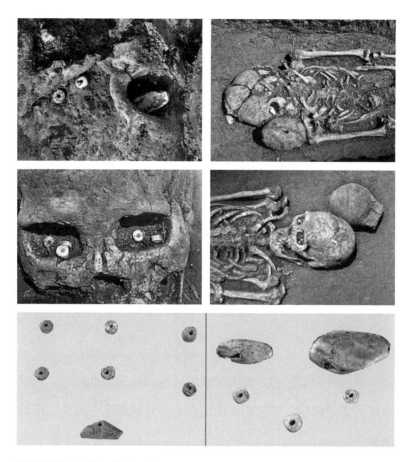

贾湖先民把绿松石放在眼窝里面，是玉瞑目的滥觞，天青色颜色寓意祈祷灵魂升上蓝天

品多达 60 多件，有些人一件都没有。社会阶层分化催生出了管理阶层，社会需要对社会有所规范，人们需要有秩序的发展。

仪式化、制度化成为规范社会的重要形式，少数人、上等人的品行修养变成了人们追求的风尚。这就使人们文明的举止

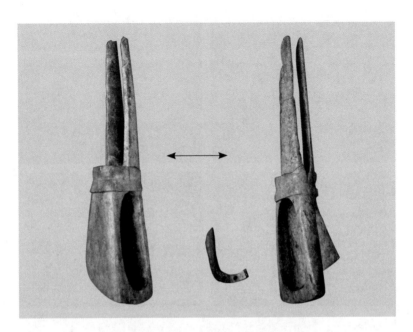

出土的权形骨器与骨笛、龟甲构成原始宗教的法器

变成规范社会的一种思想上的要求，道德标准由此产生，同时出现了知识阶层，闪现出文明的火花，比如音乐、占卜、原始文字等。

总结一下，以上证据充分显示后世中华文明许多重要的因素在贾湖文化之中已经萌芽，可以说，中华礼乐文明的星火，已经在这里点燃。

贾湖遗址是淮河流域迄今所知文化内涵极为丰富的新石器时代中期文化的遗存，提供了黄河中游至长江中游之间新石器文化关系的一个连接点。贾湖文化的发现，再现了中国距今

9 000 至 7 000 年间的辉煌，中国进入万年以来第一个文化上的高峰，它和西亚两河流域的同时期的文化相映生辉，在中华礼乐文明发展史上，具有源头性的重要地位。

扫码聆听张居中老师讲座精华

万年上山，世界稻作文化起源地

蒋乐平 *

上山人万年前文明和"壮举"：

栽培证据、碾磨证据、食用证据和定居证据

冯时先生赋予了中华文明起源 8 000 年新的概念，张居中先生用 9 000 年前贾湖的礼乐文化呼应了冯先生的定义。那么我要讲的是长江下游钱塘江流域 10 000 年前的上山文化，10 000 年前是比 8 000 年前更早的年代，因此还需要讲到 8 000 年前的跨湖桥，这是中国东南钱塘江流域的两项重要的考古发现，前后连续，可以理解为中华文明起源的一个区域性样本。

一粒万年稻米：上山文化的明星展品

上山遗址位于浙江偏中部，钱塘江支流浦江的上游，于

---

* 蒋乐平，浙江省文物考古研究所研究员，跨湖桥文化和上山文化主要发现者、发掘者。

2 000年首次被发现。遗址发现了万年稻作遗存。杂交水稻之父袁隆平先生为之题词:"万年上山,世界稻源。"

上山遗址出土的这粒一万年前的炭化稻米,俨然成为上山文化的明星展品,北京、杭州等地的各家博物馆都曾争相展览,它象征着上山是万年稻作农业的起源。

上山文化是一种考古学文化,它的特殊性反映在可以辨见的物质文化形态上。上山文化的陶、石器很有特点,早期出现了一种单把的大口盆陶器,另外还出现了陶罐、陶钵、陶杯、圈足陶器等,依据以大口盆为典型的陶器群的变化,可以把上山文化分为早、中、晚三期,早期是距今10 000年前后,中期是9 000年前后,晚期是8 500年前后。

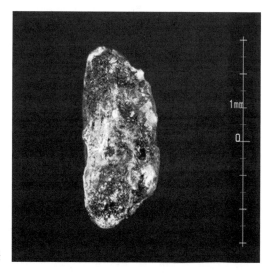

1mm

0

明星展品:万年一粒米

早期也有些测年数据是超过 11 000 年的, 10 000 年是较为审慎的判断。

发现稻作的食用证据、碾磨工具和收割工具

考古重证据。上山文化稻作证据包括: 栽培证据、收割证据、加工碾磨证据、食用证据。

在上山出土物中, 我们复原了少量大口盆等, 大部分都是陶片。在这些破碎陶片的陶胎里能看到密密麻麻的碎稻壳, 很多考古学家看了后非常震惊。为什么? 因为这些碎稻壳其实就是最早的糠, 它证明上山人已经吃上大米了。这是一个非常重要又直观的证据。因此, 上山人是世界上最早的食稻族群。在其他早期遗址中, 比如江西的仙人洞遗址, 也发现了一些早期稻遗存信息, 但并没有那么充分、直观, 稻遗存与人的生活行为真正结合起来, 上山是第一次。稻米现在养活了世界上一半以上的人口, 而这个贡献的原点要追溯到上山。这就是稻米的食用证据。

稻米如何加工脱粒? 我们在上山遗址找到了石磨盘、石磨棒等工具。石磨棒的名称借用于贾湖、裴李岗, 在上山其实只是一个磨块, 但同样具有与石磨盘配合碾磨的功能。我试验过多次, 常常戏称自己是除万年前上山人之外使用石磨盘、石磨棒最熟练的现代人了, 脱壳的效果确实非常好。当然石磨盘、

上山文化的石磨盘、石磨棒

石磨棒不光用来加工稻米，残留物和植硅石分析研究发现了除稻米之外的其他遗存，比如橡子等。在遥远的原始时代，可能是多功能的，但功能之一必然是加工稻米。这是上山稻米加工碾磨的证据。

稻米如何得来？收割而来！我们看到那些很简陋的石片石器，都没有经过磨制，但通过实验室里的微痕分析发现，其中一些的磨损痕迹和收割水稻留下来的痕迹是一样的，呈现出了"镰刀光泽"。这些石器上还发现了稻的植硅石残留物，于是有了结论：我们发现了上山人的收割工具。

距今9000年前后水稻驯化或迅速完成

那么，追本溯源，收割的对象是野生稻还是栽培稻？通过研究发现，万年上山稻的栽培特征已经出现，当然野生稻和栽培稻是混杂在一起的，还处在稻作起源的初期阶段。其中一个证据是关于小穗轴的。野生稻成熟后稻粒是自然掉落的，因此小穗轴是光滑的；栽培稻稻粒要经过捶打强行扯下来，所以小穗轴有明显断茬。植物考古学家就是从这个角度来鉴定野生稻和栽培稻的。通过对上山遗址小穗轴遗存的观察分析，其中既有栽培稻，也有野生稻。结论是，万年上山稻的栽培特征已经出现。当然，最初阶段野生稻和栽培稻是混杂在一起的，体现出驯化的迹象，说明还处在稻作起源的初期阶段。

证据之二是植硅体的特征。植硅体分析法已经成为稻作起源和水稻驯化考古学研究的重要方法之一。稻运动细胞硅酸体呈扇形，对于鉴别水稻植硅体的驯化水平而言，扇形植硅体的含量、大小及鱼鳞状纹饰十分重要。扇形植硅体半圆形侧面的鱼鳞状纹饰是水稻扇形植硅体的典型特征。研究者认为，野生稻和栽培稻扇形植硅体半圆形侧面的鱼鳞状纹饰不同。前者一般少于 9 个且多变、不规则，后者一般有 8—14 个。实验室分析表明，上山文化时期双峰型植硅体已有 27% 被判断为驯化稻，与此同时这一时期龟裂纹纹饰大于 9 个的水稻扇形植硅体数量达到 15%，由此可见，已有具备驯化特征的水稻植硅体在上山文化阶段出现。

经过植硅化等方法鉴定，9 000 年前，水稻驯化迅速完成

另外，在上山遗址掺和料颖壳中，发现了具有栽培稻（粳稻）特征的颖壳。陶片中找到了可用于测量的颖壳。测量结果显示，颖壳的长为 7.73 mm，宽为 2.86 mm，长宽比为 2.70，参数比接近栽培稻特征。由此可见，遗址出土的古稻不仅有近似野生稻类型，也有近似现代栽培粳稻的类型，可能是处于驯化初级阶段的原始栽培粳稻。

到了距今 9 000 年前后的上山文化中期，水稻遗存更为丰富。北京大学研究团队的初步结论认为，水稻在距今 9 000 年前后已经成为上山文化生业经济非常重要的组成部分。桥头遗址稻属小穗轴形态的鉴定和统计表明，水稻驯化或在距今 9 000 年前后迅速完成。这个结论或许需要我们重新解读稻作农业起源的过程和模式。

21 处：上山文化遗址群密集分布

农业提供了基本的食物保障后，人类才能在一个地方长期稳定地居住下来。上山文化与稻作证据伴生的就是定居证据，这是严文明先生题词"远古中华第一村"的要义和依据。定居证据体现在哪些方面？上山遗址已经发现了 21 处，且普遍发现了房址遗迹。上山遗址发现三排柱洞，应该是一种木构建筑基地，但是否是与河姆渡一样的干栏建筑，我们不能确定，因为建筑构件没有保存下来。但可以肯定，上山文化已经出现稳定的定居模式。

除了排柱式房址外，还有些沟槽式房址。特别重要的是，上山文化发现东亚地区最早的环濠。环濠起到把村庄包围起来的防护作用，可防止外族入侵或者野兽袭击。我更倾向于认定环濠代表着上山人开始有了对土地的拥有意识。新石器时代中晚期的很多遗址也都有环濠遗迹，但上山是最早的，这是上山出现农业定居非常值得关注的现象。

有了农业经济的支撑，在钱塘江流域就出现了人口的聚集。迄今一共发现了 21 处遗址。从见诸报道的统计来看，中国 9 000 年前的遗址总数有 50 来处，而小小的钱塘江附近区域，竟大约占了 40%，这反映了钱塘江流域在农业起源阶段的特殊地位。考古学上把农业起源叫作"农业革命"。钱塘江流域是东亚农业革命的重要发生地，然后蔓延、传播开来。如果加上山地面积，钱塘江流域也就是两三万平方公里，其中作

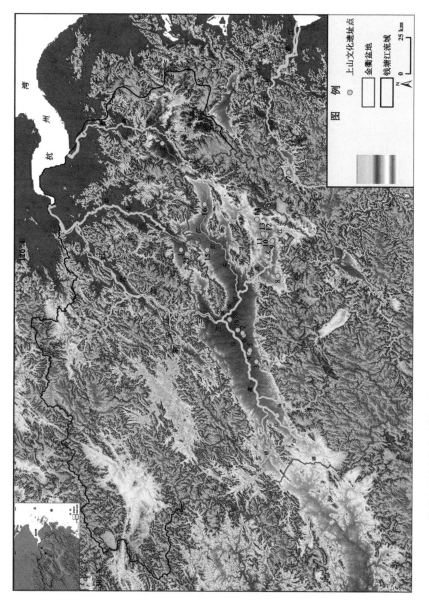

钱塘江流域上山遗址群约占中国 9 000 年前的遗址数量的 40%（依据已公布数据）

为遗址分布区的河谷盆地面积更小。比较小的范围内聚集了很高比例的遗址及其背后指示的人口分布。这是非常重要的现象，是一种与农业起源、农业革命相应呼应的文化现象。

出现"中心台地"、酒器、彩陶纹饰，社会结构复杂化

这里特别值得介绍的是义乌的桥头遗址。这是一个经过特别营建的大型土台遗迹，略呈方形，边长大概是 40 米，西边遭到了破坏。周边挖成环濠，主要是为了突出这个中心台地。现在基本判断是村落的一个特殊功能区，用来举行公共活动，比如祭祀仪式等。

有什么证据呢？除了特殊的营建方式之外，在这里还发现了墓葬和很多陶器"器物坑"。这是一个举行仪式性活动的专门区域。可以想象一下，在漫长的农业社会中，特别是历史时期的晚期，村落中都建有祠堂，用来举行祭祀等公共活动。这样的村落模式，可能在距今 9 000 年的上山文化中期已见雏形。

在"器物坑"中发现了相当比例的酒器。很多陶器都是陶壶、陶罐，里面发现了酒遗存。张居中对贾湖酒的判定是距今 8 500 年，是东亚地区最早的酒之一。桥头遗址采用炭化稻米测年，结果是距今 9 000 年，一定也是最早的酒之一了。这些酒器可能已经作为一种与祭祀性活动相关的器具来使用了。

桥头陶器最出彩的是彩陶，被严文明先生指为"世界上最

世界上最早的彩陶

早的彩陶"。9 000 年前的彩陶，而且主要在"中心台地"，这说明彩陶的功能也与仪式性活动相关。

所谓"世界上最早的彩陶"，就是指出现了最早的彩绘纹饰，其中有太阳纹和长短线组合的"卦符"类纹饰，还有很多其他形式的圆点、线条组合。9 000 年前桥头遗址的彩陶非常精彩，而且这么丰富，确实是非常特殊的文化现象。

得出的基本结论是，桥头遗址"中心台地"不同于普遍居住的遗址区，"器物坑"与墓葬近距离共存，推测是一种与祭祀相关的仪式性遗存现象，可作为早期稻作农业社会结构复杂化的重要反映。陶器的精美程度，超出其他普通的上山文化遗址，彩陶上的神秘图符可能与祭祀仪式活动的观念形态相适应。

8 000 年前的知识体系：太阳纹是天象符号，漆已用作保护性涂饰和黏合剂

怎么解读上山的纹饰？太阳纹就是天象符号。按照冯时的定义，农业本身就是一种文明现象，必须以"观象授时"的天文学知识为基础。那么这种知识体系在上山文化中有所体现。彩陶上除了太阳纹之外，还有一些神秘的抽象图案，有学者认为就是一种天象的符号表达。

这样的图符、符号的背后是否有一种信仰体系、知识体系？起码这一传统在钱塘江流域是有延续的。在跨湖桥遗址也出现了太阳纹。可以看到，太阳纹在钱塘江流域从距今 9 000 年到 8 000 年间一直有延续，"卦符"类型的刻画图案在跨湖

桥的鹿角器和木器上也有体现。有研究者认为三大占卜系统"签卜、龟卜、骨卜"中的签卜起源于跨湖桥文化，现在则可以溯源到上山文化。

跨湖桥独木舟，被称为中华第一舟，是最早的可实证的水上交通工具，这是跨湖桥非常特殊的发现。在跨湖桥还发现了世界上最早的漆器，让人惊叹不已。最早发现的是一张漆弓，漆皮略呈红色，还没有褪下来，中间弓柎（抓手）位置则不见漆皮。跨湖桥用漆除了保护性涂饰的美观功能外，还作为黏合剂。独木舟有一个破洞，跨湖桥人用木块进行了修补，用什么来黏合呢？木块修补部位有一

跨湖桥发现的独木舟（左图）；跨湖桥人用漆作黏合剂修补独木舟上的破洞（右图）

个挖下去的凹面，相互贴合，中间发现了漆物质，可见漆被用作了黏合剂。漆还被用来修补陶器，陶器破掉了可用漆修补黏合。跨湖桥文化里对漆器的利用，完全可以视为8 000年前的一种先进知识体系。它也是钱塘江文明非常重要的一个表现形式。

由上山起头，浙江的文明版图具有南北文化交融特点

在2020年"上山遗址发现二十周年"的学术研讨会上，考古学家达成一个共识：以浦江上山遗址命名的上山文化是世界稻作文化起源地，是以南方稻作文明和北方粟作文明为基础的中华文明形成过程的重要起点。长江流域以稻作为主的农业革命首先在钱塘江流域的上山文化中有了一个比较完整的呈现。这就是稻作起源的万年样本的意义。

走出洞穴，占领、定居于新石器时代活动中心的旷野地带，这标志着一个时代的真正开始。上山稻作文化是一种没有中断并出现稳定进步的文化现象，随着上山文化的发展而传播，不是昙花一现。一种农业经济行为，与一个群体的生存和繁衍发生了真实的关系，这一遗存信息及其传递的文化意义，超越了早期穴居遗址的时代属性和历史属性。上山文化迈出了东亚农业革命的重要的一步。

上山起了头以后，浙江在中华文明的版图里面就非常具有

代表性了。除了有跨湖桥文化接续外，还有著名的河姆渡文化和良渚文化，它们吸收了周边地区文化的一些因素，比如良渚处在钱塘江的北岸，河姆渡处在钱塘江的南岸，整个过程兼收并蓄，具有南北文化交融的特点。

扫码聆听蒋乐平老师讲座精华

附录3：8 500 年前曾共时存在的上山和贾湖，稻作来自山还是海？

上山和贾湖的稻作来自海还是山？待考证

上海律师王勇：同时代的位于钱塘江流域的上山文化和中原的贾湖文化之间有什么关系？哪一个对中华文化的形成更重要？

蒋乐平：贾湖早期大约相当于上山的中期，从稻作起源的角度，上山的年代更早些。上山文化中晚期的陶器与贾湖也存在一些可比较之处。距今9 000—7 500年间，贾湖出土遗物的丰富程度确实令人惊奇，与钱塘江的上山文化、跨湖桥文化有不同的地方。贾湖与裴李岗有千丝万缕的联系，处在两个文化交界地带的遗址，总有与众不同之处。所以贾湖遗址在中华文明起源中的作用非常值得关注。考古讲究实证，上山文化当然也是非常重要的发现，两者在时间、空间上都具有不同的代表性。

张居中： 总体我同意蒋老师的观点，贾湖也好，上山也好，都是在中国稻作文化起源过程中非常重要的遗址。上山当然年代更早，万年上山的水稻也确实具有传承性。贾湖稻作文化从哪里来，是不是和上山稻作有关联，这一点我们经常讨论，我觉得它们共同的稻作农业源头都是东海大陆架，蒋老师则认为是山地起源。

上山和贾湖都可看作西水坡天文观的源头

北京公务员王杰： 濮阳西水坡遗存展现了 6 500 年前相当成熟的天文观，现在的考古有没有找到西水坡天文观的起源或者线索？

冯时： 讲到濮阳西水坡，我认为和贾湖及上山都属同一个文化体系。我自己有一个观点：中国上古文明是"夷夏东西"的文明，"夷夏东西"是以太行山为界限的，所以上古时期不是南北对峙，而是东西对峙。考古已证明：太行山以东的从北向南的文化，和太行山以西的文化完全不是一个风格。

通过文字也可以证明这一点。在山东地区发现的早期的文字实际上都属古夷文系统，读贾湖的文字也是通过夷文系统才可以读通。筮卦的符号都具备东夷系统的特点，今天在东夷系统的文化传统中可以看到数字卦，上山也存在长短横的卦，本身就是两套东西，现在在晚些的材料里都可以看到，和早期的可以对得上。

因此上山和贾湖都可看作濮阳的源头。比如说骨律就是天文仪器，最早就是律管，贾湖通过测音已经可以测出八个律，就意味着当时十二律已经成熟，十二律是通过三分损益法得来的，不可能只得出八个律，要计算就是十二个律都会计算出来。

这得益于中国古代的科学体系中最早形成的天文学、数学、力学。上山文化那么好的建筑，依靠的是古代力学知识的发展；筮卦体现出的就是数学；贾湖的骨律，律管的形成也是数学的体现，如果没有数学知识就得不到这些。而这些东西都是西水坡知识体系的源头。

西水坡与它们不同的是，它是目前发现最完整的一处原始宗教遗存，把所有的知识体系都集中表现了出来。

贾湖的齿刃镰刀，其工艺流传至今，仍受农民称道

中国人民大学学生曹俊阳：两位老师都有对石刀的介绍，贾湖的石刀是打磨过的，上山的没有打磨，石刀在贾湖文化中扮演了什么样的角色？

张居中：刚才蒋老师介绍的上山的一些石片实际上也是石刀，先民打制石片锋利的刃口做收割的活动，但是那些东西随打随用随扔，是比较随意性的工具。农业有了一定的发展之后，工具会定型化并进行磨制。贾湖用的镰，形状已经定型化，而且齿刃是反复加工的，刃是为了锋利而反复加工、反复磨砺才形成的，至今南方割稻子的钢镰仍然是带齿刃的，和贾湖的齿刃石镰同一原理。

我在江西参观仙人洞万年水稻遗存，看到老乡手里拿着带锯刃的镰，他说只有这样齿刃才好用。说明当时这种制作镰刀的技术一直保留到现在，只是石器变成了钢镰。磨制肯定比打制的技术含量要高，当然看起来也好看一点，利用的时间也长一点。

天文学不是纯粹的自然科学，
也是政治基础、统治术

上海自由职业者王勇：在新石器时代神权属于宗教范畴吗？

冯时：中国文化自古就是政教合一的，和西方政教分离不一样，这样的思想都来源于天文。所以说，天文学是中国传统文化的源。铭文"丕显文王受天有大命"，这个天命思想是怎么形成的？这和天文学有关系。

天文学是为农业生产提供时间服务的，那么谁来掌握时间？不是广大的氏族群众，而是个别的圣人，通过自己的辛勤观测，了解到某颗星星走到某个位置时就可以播种，长久下来都有应验，这个观象的人在氏族中就确立了统治的地位，这就是王权的基础，这就是中国古代的政治。所以天文学在上古时期其实不是纯粹意义上的自然科学，还是政治的基础、政治统治术。

在氏族成员看来，这个观象授时的人当然是了解天意的人，可以与天沟通，他的权力是天给的，于是就发展出君权神授、君权天授的思想。这既可以理解成政治观，也可以理解成宗教观。因为从宗教的观念去理解，已经思辨出人格化的至上神，这个人格化的至上神就是上古文献中的上帝。

"帝"出自中国文献，表示嫡所体现的亲密联系

所以西水坡展示了一个原始宗教场景，主题就是墓主人死了以后灵魂升天，这在中国的原始宗教系统里就叫以祖配天。为什么要配天？因为上帝是授给他权力的人，在宗族的祭祀中，上帝就是他的直系祖先，所以这样一种帝和人王的关系到周代就形成所谓天子，配帝在下的人王实际是天的儿子，这个

儿子是嫡系的子，因此人们把至上神叫作帝，帝即嫡。原始宗法重嫡，"帝"字的意思，在商代甲骨文和西周文献里，更主要的是体现着嫡庶的嫡。

从这个角度看，政和教也很难分离开来。

墓葬中龙虎朝向一样是要强调和北斗的特殊关系

杭州人才市场叶知秋：西水坡墓葬苍龙与曾侯乙二十八宿漆箱上的两幅图，龙的朝向为何不一样？

冯时：这位听友观察得非常仔细，在西水坡的墓葬里面龙和虎的头确实朝向北。西水坡四组遗存中的第三组表现墓主人灵魂升到天界，那处遗存和曾侯乙的龙虎朝向是一样的，就是互逆的，表现龙虎星象在天上遨游的回天运行。在墓葬里面龙虎的朝向一个方向，是要强调北斗星和龙虎的一种特殊位置关系。

墓主人脚下是北斗，很重要的理由就是北斗和龙虎形成一个固定的关系，这个固定的关系和天上的星象是一样的。天上的星象也不都是头朝一边的，参宿和觜宿所组成的虎是朝向北的。因此在墓葬里面，为了要突出表现北斗和龙虎的位置关系，把龙虎的头都朝向北，但是表现星象运行的时候却是互逆的。

7 000 年后，动物图案成为主题
说明生命意识的觉醒

武汉教师王利芬：除了卦相以外，稻作所需要的历法知识在上山文化中是否有动物符号式的呈现？

蒋乐平：这位听友也很细心。上山文化和跨湖桥文化出现了彩陶，而且彩陶一脉相承，多是一些抽象的图案。但是在上山文化和跨湖桥文化里面没有发现一例动物图案，这是很有意思的现象。

到了 7 000 年以后的河姆渡、马家浜，动物图案普遍出现，而上山和跨湖桥的彩陶有一种衰落的倾向，刻画的动物图案成为这一阶段图案里面的主题。我把这种现象看成人类文明过程当中生命意识的觉醒过程。7 000 年开始人类生命意识出现了一个突变，在钱塘江流域等东南地区的这个现象是这么解释的，结论是否正确我也没有把握。

从河姆渡带有"卵生"性质的图案到良渚神像，具有一脉相承的体系性构建。在新石器遗址的发掘过程中，我们经常在一些器物上比如器物的底部发现一些带有方位区分、空间分割性质的图案，冯老师所普及的天文考古学知识，对解释这种图案是一种启发。

贾湖一期，驯化水稻比例不高，既酿酒也食用

北京考古人邱振威：贾湖文化最早阶段的距今9 000年到8 500年时的野生水稻和驯化水稻如何分布，食物结构的比例怎样？

张居中：经过多年的观察，我认为贾湖一期时，水稻已经正在驯化中，只是在人的生活中所占的比重并不高，仍然处于低水平食物生产阶段，也许是因为人少、食物多，所以水稻只是其中一项。

至于能否用来吃？现在陈淳老师说，当时贾湖人种水稻主要用来酿酒。我认为还是要吃的，酿酒是其中一个功能。但是贾湖一期水稻的比重确实不高，而且生产水平也不高，尤其是没有像后来的镰等农具，磨盘也不是很规矩，所以在人们的生活中比重不是很高。到中期以后农业水平越来越高，人们对水稻的依赖程度也就越来越高。

骨笛如何命名？骨龠更为合适，体现出传承性

听友：骨笛现在是不是就叫骨龠（音越）？

张居中：我在不少文章里提到命名问题。一开始发现时的命

名是"穿孔骨管",当时就有人说叫"笛儿",我说应该由音乐家来定,考古人只能根据形态来决定命名,临时命名为"穿孔骨管"。

后来请音乐家来鉴定,黄翔鹏、童忠良、萧兴华等知名专家确定说它是"笛"。黄先生认为贾湖骨笛是中国管乐器的鼻祖,它有很多的后代,不能用某一个后代的名字给老祖先命名,所以不要苛求到底叫什么,现在约定俗成就叫"笛"。

但是有不少不同的认识,其中尼树仁先生认为叫"筹",和河南民间的筹一样;还有以刘正国先生为代表的专家认为是"龠"。当时我的看法是,音乐界达成一致叫什么名字我都赞成。

现在我越来越感觉"龠"可能性更大一点,它体现出的中国音乐文化的传承性更强一些。

跨湖桥是最早有独木舟的地方,是其他地区的源头

杭州博物馆人李磊:跨湖桥的独木舟对研究"南岛语族"人的起源有何启示?

蒋乐平:南岛语族指在南太平洋地区生活的岛民,其历史文

化渊源可以追溯到中国东南沿海地区。有很多共同的文化元素有联系，其中包括绳纹陶器、有段石锛等，也包括了独木舟。岛屿之间联系需要水上交通，独木舟是南岛语族最重要的交通工具。

河姆渡遗址被发现后，很多元素都追溯到河姆渡，现在发现了更早的跨湖桥，发现了更早的独木舟。独木舟在东亚、东南亚发现很多，日本也有距今 6 000 多年的独木舟被发现，但跨湖桥最早，是独木舟文化的源头，甚至是南岛语族的文化源头，逻辑上可以做这样的研究、判断。

最新的彝族文字和河图洛书

深圳金融业吴昊天：有没有关于彝族文字、天文、历法和华夏文明关系的最新研究成果？

冯时：从"夷夏东西"角度来看，中华文明自古就是多元一体的文化。今天分布在川滇黔桂的彝族拥有非常丰富的历史文献，这几十年一直都在整理，研究的学者大有人在，早期的刘尧汉、卢央、陈久金先生都对彝族的天文学有自己的研究和贡献。而彝族文字的考证，马学良先生的贡献非常大。至于最近的研究，如对夷族文字的考释、对河图洛书的研究，恐怕只能参考我的书了。

凌家滩王者大墓的腰间龟形玉器是卦签筒

凌家滩遗址管理处丁燕： 凌家滩的王者大墓墓主腰间的三件龟形玉器作为占卜并不好使用，其是否在特殊仪式上作为音乐的辅助？

张居中： 凌家滩的王者大墓墓主腰间的三件龟形器，用作占卜的话确实不好使用。现在不少学者认为是铃，与龟铃功能相类似，里面的玉签是铃舌；而我认为应该是卦签筒，里面的玉签就是卦签。

贾湖和大汶口的内置石子的龟甲，我认为具有占卜和发声两大功能；用于发声的龟铃，到龙山时代仍然有陶制的，以后就很少见了，可能其功能被金属铃取代了。

而淮河流域龟甲的占卜功能一分为二，一方面到龙山时代乃至商周时期与流行于黄河流域的热占卜文化结合，出现与卜骨共存的卜甲；另一方面与长江流域的签卜文化结合，变成了玉签筒，把龟的神灵功能寓于其中。而凌家滩龟形玉签筒正是这一转变的鲜明体现。

凌家滩遗址管理处丁燕： 通过史前考古发现的遗迹和文物，能明确史前的祖先到底掌握了哪些具体的天文知识吗？能否请您通过一句话来总结凌家滩玉版繁杂的图案？

冯时：一言以蔽之，中国传统天文学的主要内容在新石器时代都已形成了，其后只是补充和完善的工作。至于思想观念，更多体现的是一种天人合一的宇宙观。凌家滩玉版是龟书（洛书），是空间知识体系的集中体现。空间知识今天看来很平常，但却是中国文化最核心的内容，非常重要。

天文遗存较少，一旦被发现级别都较高

北京考古人邱振威：从目前的考古发现来看，早期（约8 000—7 000年前）有关天文历法的材料相对较少，请问是不是这个阶段原始农业相对薄弱，所以与之直接相关的天文知识受限？

冯时：天文学知识自古就被统治者所垄断，中国的古代社会一直如此。统治者的数量本来就少，所以天文遗存很少发现。反过来说，具有天文遗存的遗址，级别都不会低。

5000年：中华文明的形成

5000年前后，良渚古城内外的惬意江南生活

刘　斌*

> 通过良渚古城，我们可以看到距今5000年前长江下游
> 地区高度发达的文明；通过其玉器的流变传播，
> 可以看到中华文明多元一体的形成过程。

距今1万年左右，世界上许多地区开始进入定居、农业起源和制作陶器的新石器时代。距今5000年左右，一些地区开始进入国家文明阶段，为人熟知的有古埃及、苏美尔、哈拉帕等。我们常说中华五千年文明，但我们的史书记载是从夏代大禹治水开始算起，距今只有4100年左右；从考古发现的金属、文字来算，商代殷墟遗址距今约有3500年左右。那么，中国距今5000年时是什么样子的呢？

---

* 刘斌，浙江大学艺术与考古博物馆馆长、良渚古城的发现者和发掘主持者。

良渚古城申遗成功：
中华 5 000 年文明得到世界公认

长期以来，西方学术界认为，中国新石器时代是一个原始社会的概念。2019 年 7 月 6 日，良渚古城申遗（向联合国教科文组织遗产委员会申请加入世界遗产）成功，标志着中华五千年文明得到世界公认。它证明中国乃至东亚地区，国家产生的历史与古埃及以及西亚地区同步，并且古代中国有着不同于其他文明的独特之处；它也证明了世界文明起源是多样性的，发展道路也是多样性的。在申遗大会上，联合国教科文组织的成员们热烈感谢中国为世界提供了如此优秀的代表东亚地区的案例。良渚申遗为人类早期文明的世界遗产提供了一个新的标准。

当然距今约 5 000 年左右，中国的许多地方都有着发达灿烂的考古学文化，良渚只能代表长江下游的早期文明，长江中上游、黄河流域以及辽河流域等在这一时期也都很发达。

良渚文明七大特点

良渚文明有哪些特点呢？

第一，良渚文明以种植水稻、养猪等农业作为文明的支撑。一些文章常常会用"饭稻羹鱼"来形容江南。事实上，从考古发现来看，良渚是饭稻羹肉、饭稻羹猪。良渚遗址出土的动物骨头有几十种，其中 80% 是猪骨，且大部分都是家养猪，说明养猪业在当时非常发达，是当时主要的肉食来源。

第二，良渚文明拥有发达的陶器、石器和漆木器制造技术。

第三，良渚文明奉行以玉器标识权力与信仰的礼仪等级制度。

第四，城市的选址与规划是良渚文明的一大城市特色。具体来说，就是以山为郭，以中为尊，形成宫殿区、内城、外城的三环结构。这种城市规划一直沿用至今。

第五，良渚文明中的土木高台建筑体现了中国建筑特点。人工高土台上的贵族墓地，也是良渚文明的特点。

第六，良渚文明代表长江下游的江南水乡特有的临水而居、水陆交通的江南模式。

第七，良渚文明具有稳定安宁的血缘家族社会结构，在中国许多地区都是如此。早期的一个考古学文化往往历经上千年才形成，血缘家族式的社会是一个结构稳定且美好的社会。

良渚古城：选址理念、内外城、辉煌的宫殿

良渚文化核心区主要分布在长江下游地区，以太湖流域为

中心。总体上看，当时的社会分布比较均衡，当然也有一些核心的中心聚落，良渚古城则是它的都城。从地图上看，长江三角洲地区比尼罗河三角洲还要大上一倍。可想而知，中国距今5 000年的良渚文明所辐射、影响的范围，实际上比尼罗河三角洲还要大。这也反映出良渚文明的发达程度。

建城选址理念："择天下之中而立国，择国之中而立宫"

良渚古城的设计追求以山为郭、天地之中的理念。

良渚古城所在之处就是杭州所在的C形盆地。盆地北边是良渚古城以及良渚遗址群所在地区。北边的中间地区横卧一

良渚古城选址在大雄山和大遮山中间

组山脉，大雄山和北面的大遮山中间的东苕溪从西南向东北蜿蜒流过。

以良渚古城宫殿区为原点、半径 3 公里画一个圆，就是良渚古城的王城范围。当年为何要在这样一片沼泽上选址？《吕氏春秋》中有"择天下之中而立国，择国之中而立宫"的建国立都的理念，良渚建城已有这样的理念。

2007 年发现时曾引起轰动：城墙傍势而建，内城达 300 万平方米

良渚古城分为内城与外城。内城中心的宫殿区，东西约有 630 米，南北约有 450 米，人工堆砌的土台高度约为 12—16 米。内城墙用 2 个自然小山作为东北角和西南角两个对角。2007 年发现内城，南北 1 900 米，东西 1 700 米，面积约 300 万平方米，约有 4 个故宫那么大。2010 年，又确定了外郭城面积有 630 万平方米，约有 8 个故宫这么大。

2007 年发现古城时，对古城四面同时进行了解剖。只有证明它堆筑的年代和共存性，才能确定它是同一座城。解剖后发现，四面城墙的堆筑方法是一致的，叠压城墙边缘的文化堆积都处于同一时期，所以宣布它确实是同一座城，这一结论在当时引起了巨大的轰动。过去，考古界从未想象过 5 000 年前的城市居然可以达到 300 万平方米。

良渚古城分宫殿区（中心深色部分）、内城和外城

　　2008 至 2009 年，我们进行了详细的勘探，发现城墙不是一根笔直的线条，而是随着地势存在曲折蜿蜒。在四面城墙分别都发现了 2 个水城门，共有 8 个。南面有一个陆地的城门。其中，北城墙保存得最好，至今还有 4 米多高。建造城墙的石头是从山上搬运来的，堆砌城墙的土也取自山坡。城内外河网密布。

城内外有反山、瑶山、汇观山等多座贵族墓地和祭坛

良渚古城发现之后，经过十多年的持续发掘，目前，考古界对城内的功能已经有了非常清楚的了解。城内中心的莫角山是宫殿区，宫殿区南面的高地叫作池中寺。

宫殿区的西面则是反山、姜家山这些贵族墓地，这是一个非常规范、有序的布局，因为西面和东面是一种生死概念。反山位于城西北角，1986 年首次在此发现良渚贵族墓地，共清理了 9 座良渚早期墓葬和 2 座良渚晚期墓葬。作为一个考古人，我很荣幸参加了当时的发掘工作，亲手发掘出了 12 号墓等墓葬。

1987 年，反山的发掘引发了盗墓。距离反山大约 5 公里直线距离的瑶山，发现了同样的贵族墓地。同时发现山顶上人工修建的回字形结构的土台，当时推测应该是用于祭祀，故起名叫祭坛。1991 年，在反山西面两公里的位置又发现了汇观山祭坛和 4 座大墓，瑶山和汇观山这两座祭坛的结构完全一样，尺寸也相近。

姜家山是 2016 至 2017 年新发现的与反山同时期的贵族墓地。桑树头早前出土过玉器，推测也会有良渚的墓葬。

莫角山宫殿区东面，有一条南北向、叫作钟家港的古河道，经过三年时间的发掘，发现这是良渚时期的一条古河道，里边出土了大量的生活用品，通过这些可以对当时城内生活形成一定的认识。

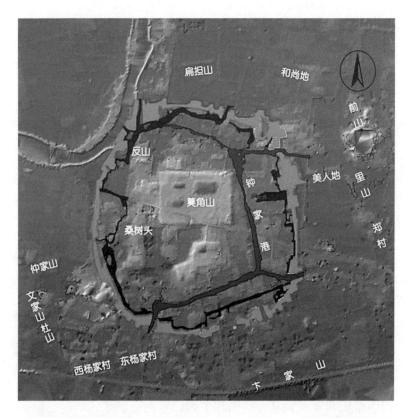

古城内有莫角山宫殿区、池中寺高地，反山、姜家山、桑树头都有贵族墓葬，钟家港是古河道

宫殿区：莫角山土台高达 12 米，其上再堆三个小高台

在良渚古城申遗前，我们对宫殿区主要的莫角山土台进行了钻探与发掘。在这个平台上找到了总共 35 座房基。可以推测当时的建筑过程是，在一个大型的土台上加台，先堆一个 30 万平方米的高台，长约 630 米、宽约 450 米、高约 12 米；

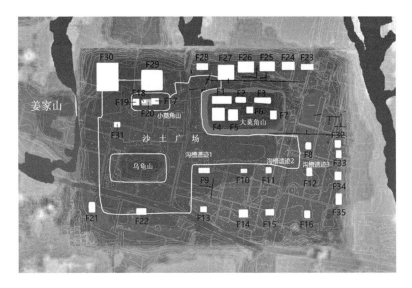

在加高的莫角山平台上找到 35 座房基

之后，在这个高台上又堆了 3 个小高台，叫大莫角山、小莫角山和乌龟山。在大莫角山上发现了 7 座房子，在小莫角山上发现了 3 座房子，这 3 座小高台相对高度约为四五米。小高台之间有个沙土广场，是当时的活动场所，是用一层沙子、一层泥夯筑起来的。

宫殿区三面都找到了可以抵达边缘的古河道以及码头的遗址。在东面挖掘钟家港古河道时发现，河道边底下留有当年没有使用完的木头，包括已经加工好的 14 米长的木头以及未加工的 17 米长的木头。由此可见，当年的宫殿应当是一座比较辉煌的建筑。

良渚玉器：标识身份、权力，并祭神

良渚文明特点之一，是以玉来标识身份、祭神，玉代表权力和信仰。

良渚文化1936年被发现，1959年被命名，1973年第一次在江苏吴县草鞋山遗址发现了良渚随葬玉器大墓，其中有玉琮、玉璧，原来《周礼》中记载的琮、璧是良渚人所发明的。特别是1982年在江苏常州寺墩发掘的3号墓，出土了33件玉琮，是目前为止良渚晚期最大的一个良渚贵族墓葬。

良渚玉器的种类非常多，下面选几种加以解读。

1982年，寺墩3号墓出土了33件玉琮，为出土玉琮最多的墓

神徽：人兽合体神，头戴冠状饰以表明它是神的代言人

第一种是代表良渚神徽羽冠的冠状饰。最初发现良渚玉琮之后，考古界一直把良渚琮的纹饰称为兽面纹，认为它是与饕餮类似的一种纹饰。1986 年，在反山 12 号墓玉琮王和玉钺王上首次发现了完整的神徽。它是头戴羽冠的人的形象，下面是一个鸟的爪子，中间是一个兽面，这是人和动物合体造的神。这样的造神形象与《山海经》里提到的相同，比如伏羲女娲就是人面蛇身。

玉器造型是为表现神徽，预示自己是神的代言人

良渚所有贵族墓葬里每一位首领不论大小都要戴一个玉冠状饰，用玉做的仿羽冠的样子。在浙江海盐周家浜遗址出土的冠状饰，下部的梳子并未腐烂，所以才知道是戴在头上的。巫师和首领要把自己打扮成神的样子，所以用当年最高级的材料——玉，雕刻一个在外形上像神徽羽冠的冠状饰戴在自己头上。这就表示自己是神的代言人。这是良渚玉很重要的特点。

权杖：贵族男性随葬玉钺，代表王权和君权

第二种非常重要的礼器就是玉钺权杖，权杖代表着王权和君权。在良渚许多墓葬里都随葬非常多的石钺，它是用来打仗的战斧。在良渚贵族墓葬里，比如反山、瑶山的墓葬里，男性

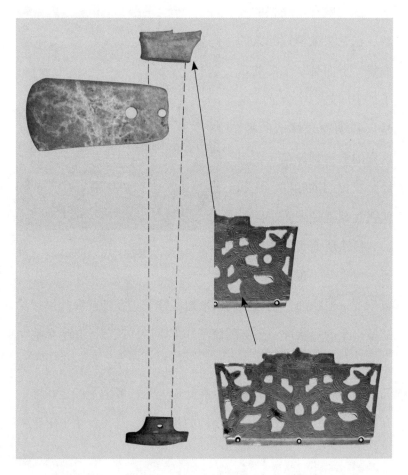

玉钺上端的"舰形饰"就像对折的神像帽子，象征王权神授

都会随葬玉钺，玉钺除了作为武器之外也是一个王权的权杖。权杖长约 70 厘米，上端镶了一个小船一样的装饰。早期有学者称之为"舰形饰"，因为它像一艘小军舰模型。其实它是象征神徽的羽冠的一个装饰。小船一样的造型象征着纵向观看时对折起来的神像帽子，把神像帽子装在一个象征王权的权杖上面，喻示王权神授。

钺把的上端和下端都有一个装饰，整个画下来就是甲骨文"钺"字的象形字，后来被假借为"王"字，这是王字的起源。当年林沄先生有一篇文章叫《说王》，专门论述了"王"字起源于钺。《史记》里提到，周武王伐商时，"左杖黄钺，右秉白旄"。王出场的时候，都会拿着钺，所以造"王"字的时候，便选了钺作为王形象的象征，这是一个非常高级的设计。

甲骨文的钺字为象形字，被假借为"王"字

玉琮：巫师法器，神徽不断立体化简化从圆到方

第三种最有代表性的法器就是玉琮。玉琮是巫师的法器，是一个神徽的载体。通过研究反山 12 号墓出土的玉琮王，我

玉琮的四角和分节的形成是对神徽以多层浮雕和立体方式表现的结果

们知道了它的设计理念。这件玉琮王四面竖槽里各刻了上下两个神徽，对应四节的玉琮，第一节带平行线的相当于神徽的帽子，第二节相当于兽面部分。原来它是一个做成四面式的刻了神徽的柱子。早期可能借鉴了手镯的形制，并在其他四面雕上神徽。

在发展过程中，不断将它立体化，于是就把鼻子部分加高，变成了一个外方内圆的方形。鼻线逐渐加高，纹饰逐渐简化，到了良渚文化的晚期就已经分不清哪个是兽面，哪个是人的帽子部分。每一节都是一个完整的、简化的神脸形态。之后继续简化，良渚文化消亡以后就变成没有纹饰的玉琮了。经过一千年的发展，大趋势是遵循从圆到方的发展逻辑、发展理念。

玉璧：在良渚晚期成为"礼天"祭器，上有符号

良渚文化还有一种比较大的礼器就是玉璧。在瑶山这样重要的墓地里并没有玉璧，说明它早期可有可无，但后来越来越重要了，成为祭神的一种主要材料。良渚文化晚期有些玉璧上会刻上祭神的符号，《礼记》将它纳入六瑞系统，"以玉做六器，以礼天地四方，以苍璧礼天，以黄琮礼地"。礼天礼地的这两种重要的玉礼器，都是良渚人发明的，可见良渚文化对于中华文明贡献极大。

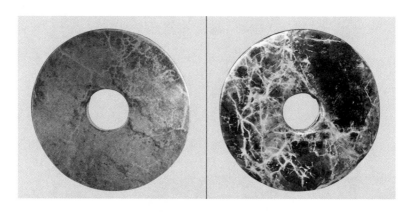

玉璧在良渚晚期成为礼天之器

良渚古城生活：食、住、行、水利

良渚城的古人是如何生活的？从稻作、器物、水利系统等可加以推测和解读。

宫殿区南侧有 1 万平方米的粮仓

在良渚宫殿区南面的池中寺，我们发现了 1 万平方米左右的粮仓。推测当年在失火后又新加盖了土。根据钻探统计，以千粒重来测算的话，该地被烧毁的稻米约有 20 万公斤，考古界判断它是当时城市的粮食储备仓。它的稻米从何而来？2010 年在距离良渚古城东面大约 20 公里的余杭茅山遗址（现改为临平区），发现了 5 万多平方米的大型稻田区。

池中寺发现炭化稻谷，古城内有生活用蓄水池

良渚古城内发现约 1 万平方米的粮仓，被烧毁的稻米约 20 万公斤

从耕地工具也可看出当时水稻种植业已经非常发达。良渚出土有石犁、石镰等农业工具。另外良渚有两种非常有特色的石器：有段石锛和耘田器。

在池中寺粮仓的东面发现了一个城市内部的蓄水池。因为它里面没有生活垃圾，而其他所有的古河道里都有生活垃圾，所以它应该是当年宫殿区居民的生活用水来源地。

30 公里古河道：发现垂直河岸、丰富植物、精美漆器

良渚古城城内发现的钟家港古河道加起来有大约 30 公里长，有 8 个水城门，只有南边有一个陆地城门。经过几年的发掘，发现当年良渚人制作的护岸所用的木头粗细和间距都是一样的，这是一个非常标准化的工程。

2010 年，在位于外郭城和内城中间的美人地遗址，发现

当年护岸所用木头粗细和间距都一样

良渚时期的河岸是木头做的，发掘时保留的高度还有 1.7 米。做法类似现在修铁路，在底下先铺枕木，上面架一根大木板，再立木头。垂直的河岸类似于今天的江南水乡，因当时木头易得、好加工，所以做成了木头河岸。那些临河而居的房子也是这样构建的，可以推想当年惬意的江南生活。

河道里出土了许多有机物质，弥补了早年墓葬无法保存有机质物品的缺憾。除了已知良渚人吃水稻，在河道里还发现了许多不同种类的植物，例如桃子、甜瓜、柿子、芡实、菱角、李子等水果。

精美的漆器上镶嵌着玉（左图）；福泉山墓葬中发达的黑陶（右图）

同时河道里还发掘了很多工匠留下来的器物，比如精美的漆器。真的令人难以想象，如此精美的花纹怎么会是良渚文化时期的呢？漆的觚形杯，非常像二里头时期的铜觚，应该是贵族酒器类的物品，这在贵族墓葬里也有发现。当年的良渚贵族，他们的漆器还会镶嵌玉，这体现了贵族们非常精致的生活方式。

良渚时期的陶器工艺也很发达。泥质陶大部分是黑陶，也有少数红陶或者彩陶。良渚墓葬随葬的陶器大多数是粗糙的明器，但上海福泉山贵族墓葬中就出土了比较高级、非常精致的陶器。

水利系统：十数条高低水坝将中国水利史前推 1 000 年

作为一种文明来说，良渚古城拥有非常发达的水利系统。良渚古城的西北面已发现了 11 条水坝，这几年又有新发现。距离良渚古城西北 8 公里，在 2009 年的岗公岭取土现场，考

良渚的高坝系统现状图，体现了发达的水利系统

古人员发现了水坝。2010年，经过碳-14测年，确认该水坝距今约5 100年到4 900年。2010年又调查发现了附近的老虎岭、周家畈等其他6条高坝系统。

2011年，我们利用当年的科罗娜卫星图发现了低坝，这些低坝与1999年发现的5公里长的塘山长堤（山前长堤）连在一起，组成了一个完整的水利系统，形成了一个超大型水库或一片湖水，库区面积大约14平方公里，通过塘山长堤连接到良渚古城的北面。

2015年，我们选择老虎岭高坝和鲤鱼山低坝进行了解剖。

我们对 11 条水坝均做了碳-14 测年，结论都是在距今 5 000 年左右。良渚水利系统比有史书记载的大禹治水早了 1 000 多年。

良渚古城外围水利系统和整个古城大的土石方约有 1 000多万立方米，这是一个超大型工程，要组织这样大规模的工程，可以推测其背后的社会组织，应该已经是国家形态。

良渚文化之后，在距今 4 300 年左右，于长江下游发展为广富林文化和钱山漾文化，在广富林遗址发现的玉琮就是简化后的样式。在此后的龙山时代，良渚玉琮向北扩至陕北、甘肃、青海，向南达广东石峡文化。比如，山东五莲丹土遗址、

良渚的玉琮变体在龙山时代传至全国各地，图中玉琮左上来自上海广富林、右上来自陕西芦山峁、左下来自山西陶寺、右下来自广东石峡文化

良渚玉琮还直接影响了商代玉器，左图为成都金沙遗址出土玉琮，右图为殷墟妇好墓出土玉琮

山西陶寺遗址、陕西延安芦山峁遗址、榆林神木石峁遗址出土的玉琮都与良渚玉琮有关。良渚玉器对后世中华文明的影响非常深远，在商代的殷墟妇好墓、成都金沙遗址、四川三星堆遗址等，都发现了良渚式的玉琮。

因此，通过良渚古城，我们可以看到距今 5 000 年长江下游地区高度发达的文明；通过其玉器的流变传播，可以看到中华文明多元一体的形成过程。

扫码聆听刘斌老师讲座精华

南佐都邑性聚落，5000年前最大中轴线布局宫殿

韩建业

南佐都邑性聚落的发现表明，距今5000年前后，陇东地区已进入早期国家或文明社会阶段。这……对实证中华文明五千年都具有极为重要的意义。

良渚遗址是现在世界公认的进入早期国家、代表中华文明五千年最重要的一个遗址。南佐遗址和良渚遗址一样，是中华文明五千年的又一见证，只是考古工作还有限，很多细节还有待今后的发掘揭示。

约距今5100年中华文明形成，属"古国文明"阶段

我先陈述一下自己对中华文明起源和形成的基本观点。

中华文明是指中华民族所拥有的高度发达（达到了国家

阶段）、长期延续的物质、精神和制度创造的综合实体。距今8 000多年，有了文化上早期中国的萌芽，进入中华文明起源的第一阶段。约距今6 000年，正式形成文化上的早期中国，进入中华文明起源的第二阶段。约距今5 100年中华文明形成，进入"古国文明"阶段。距今约4 100年进入了夏代，也就是"王国文明"的新阶段。

距今5 000年左右中华文明的形成，其标志就是中国早期国家的出现。我特别认同恩格斯提出的关于国家出现的两个标志：一是"按地区来划分它的国民"，即以地缘关系代替血缘关系；二是"公共权力的设立"，主要就是王权的出现。拿这两个标准衡量中国或者全世界其他的文明都适用。尽管各自有很多的特殊表现，但在出现早期国家这个问题上，中国和埃及、西亚有很多共性。

1957年发现，2021年开始第三阶段发掘，至少600万平方米

南佐遗址位于甘肃省庆阳市西峰区西郊，从水系流域上看在泾河两个支流之间，遗址位于董志塬上，董志塬是黄土高原最大的一块塬地，附近分布有众多遗址。除了南佐遗址，在陇山以西还有著名的大地湾遗址等，通过对同时期遗址的调查得知，南佐是其中最大的一个中心聚落。

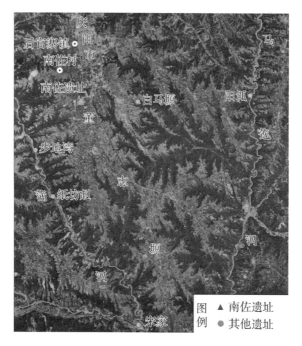

图例
▲ 南佐遗址
● 其他遗址

遗址位置示意图

南佐遗址在 1957 年调查中被发现，20 世纪 80 年代和 90 年代做过两个阶段的六次发掘，主要是发现了一座建筑面积七八百平方米的大房子。为了弄清南佐遗址所在的黄土高原地区尤其是陇东地区在中华文明起源形成过程中的地位，从 2021 年开始，甘肃省文物考古研究所、中国人民大学等单位联合开展了第三阶段的发掘，已发掘了两次，并邀请了很多机构进行年代学、环境考古、动植物考古、陶器分析、残留物分析、建筑学等多学科研究。

南佐遗址外景图，2021—2022 年进行了第三阶段发掘

南佐遗址范围有多大？至少 600 万平方米。目前在对该区域东西两侧进行勘探时发现了沟，但还无法确认是否一定是人工壕沟，依照南北两边冲沟的范围看，南佐遗址远远不止 600 万平方米，但是仰韶晚期遗存分布比较密集的范围主要在 600 万平方米之内。在这个范围内，在核心区的周围，已经勘探发现多处数万平方米的窑洞式建筑居住区、夯土台、壕沟等。

9 个夯土台和环壕组成 30 万平方米核心区，环壕是大型水利工程

南佐遗址上的重要发现，我们归纳了几项：

第一，发现了由 9 座呈倒"U"字形分布的夯土台和外侧两道环壕组成的约 30 万平方米的遗址核心区。它的范围和良渚古城核心的莫角山台城面积差不多。核心区北边的圆形台面积最大，直径约有 50 多米，东西侧各有 4 个台共 8 个，每个边长 40 米左右。这 9 个台像 9 座金字塔一样，我们初步推测北边圆形台可能是祀天的"天坛"，东西 8 台或是用于祭地的"地坛"，当时应该很高，现存依然还有 5—7 米高，是非常辉煌的建筑。而核心区域内的宫殿区面积加起来只相当于两个台

■ 夯土台　　┌ 环壕

9 座夯土台和两道环壕组成 30 万平方米的核心区

子的大小，台子外面有内环壕环绕成方形或者圆形，外面还有外环壕。

其中西边 3 号台面积约有 1 600 米，现存高度 5—7 米，经过勘探其中央还有一个 60 多平方米的方形大坑，很可能是一个祭祀坑。勘探发现台子内侧通向中轴大道处（中轴大道位置现在已经水土流失变成大沟），有一个近百米长的台阶状的通道，通向台子上方。推测其余台子都有道路和中轴大道相连。

对西 3 号台西侧的内壕进行解剖，发现壕沟局部宽 20 米，深 10 米，台子侧壁和底部有 2—4 米厚的夯土，这么大的壕沟把两侧和底下都夯起来，像南水北调渠一样，是为了防止渗漏和塌陷，显然里面经常流水，这实际上是一项大型的水利工程。我初步估算，9 个台子内外环壕加起来至少长达 5 公里，土方量达 75 万立方米以上，这样大规模的壕沟，至少需要 5 000 人一年时间才能挖出来，还不算后勤配套。

在这 30 万平方米的核心区内，中央是"宫城"，宫城周围及"九台"前面还有很多建筑遗存。

最早最规范的中轴线布局"宫城"，
布局像紫禁城

第二，发现了中央部位布局严整、中轴对称的"宫城"。

经过这两年的工作，我们挖出了夯土宫墙，四面都有，围成长方形。南墙有内外两道墙，内墙南面是一个 3 米宽的大门，外墙隔了几米也有 3 米宽的门，外墙类似于后世的照壁或者影

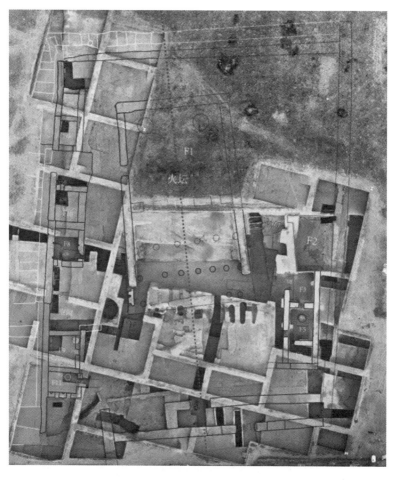

整个宫城布局看起来颇像紫禁城，有目前发现最早且最规范的中轴线

壁，同时也围成瓮城结构，这也算是中国最早的瓮城。宫城面积3 600多平方米，如果加上周围的壕沟或"护城河"，宫城区约有上万平方米。

宫城中央是一个建筑面积七八百平方米的夯土墙的大殿。大殿有一个中轴线，从宫城的北端通向南端，走向是自北向南穿过大殿两个大柱子中间，穿过大火坛、中门，出大殿穿过宫城南门，再向南可能连接中轴大道。这应该是目前发现最早且最规范的中轴线。整个宫城布局看起来颇像紫禁城，西边有西侧室或者西侧殿，东边有东侧室或者东侧殿，总体是一个中轴对称的结构。

宫城南门两侧有柱洞，一侧还有门塾，内有火塘，可能有门卫守卫。西侧室一列房子，都是两个房子为一组，中间有空间，形成对称结构。所有房间的墙都是版筑很好的夯土墙，保存至今还有2米高，地面和墙壁都是白灰面装修，火塘也都是白灰面的，砌得非常好。有的屋内地上有一个土坎把房间分为两部分，一边有猪下颌骨、陶器等，可能是生活或祭祀场所，另一边非常干净，可能住人或有别的功用。这样的室内分隔布局也是首次发现。

东侧殿也是同样的结构，内有火塘。东、西侧殿都通过一些门、走廊与中央大殿连在一起，所有墙都是夯土墙，地面和墙壁都用白灰装修，洁白美观。

室内被一分为二,一部分可能是生活或祭祀场所,有猪骸骨,另一部分或住人

距今5 000年前规模最大、
保存最好的大型宫殿建筑

第三,发现了一座距今5 000年的中国规模最大、保存最好的大型宫殿建筑。建筑面积720多平方米,室内面积580多平方米。宫殿分前后两部分,前厅部分三排大柱子,每个柱子直径80厘米;过了三个门是殿堂部分,中心大火坛直径3.2米,相当于两个人的身长,后面两个顶梁柱直径1.7米,还有附墙和很多结构非常复杂的附壁柱,这样规模宏大的建筑是前所未见的。

南佐是大量使用白灰面和夯土的遗址

2022 年发掘了主殿西墙的前端和地面，发现有过多层白灰面装修，反映了较长时间连续使用的过程。南佐遗址是中国首次大规模使用白灰面和夯土的建筑结构。大殿墙宽 1.5 米，现存高 2 米左右。

我们发现南佐遗址可分早、晚两个时期，整个大殿主要使用时期是早期。后来这些大殿空间和所有的房间几乎全部都被夯填起来，形成数千平方米的大夯土台。大殿前厅等位置不用之后夯填时留下了非常清楚的版筑结构，开始发掘时差点误认为是墙。夯填的目的当然是在上面建新的建筑，也就是晚期建筑，我们也确实发现了晚期建筑，距今约 4 800 年，但由于接近地表导致保存极差。保存得最好的还是距今 5 000 年左右的早期建筑格局。

早期的建筑不用后都用夯土夯筑起来了

精美的白陶、黑陶等，制作技艺高超，或与长江流域有交流

第四，在宫城东边祭祀区发现了大量制作水平高超、高等级的祭祀器物，还发现一处一二十平方米的像九曲黄河一样的遗迹。

东边祭祀区的器物，包括一组 9 件五六十厘米高带有盖塞的酒瓶子——小口平底彩陶瓶，这种又能盖又能塞的瓶盖塞还是第一次发现，酒瓶应该具有礼器性质。发现了数百个箍白泥附加堆纹的陶罐，在其他地方很少见，罐内可能装猪肉之类食物，当作祭器，附加堆纹则是用白泥专门做的。

还发现了不少白衣陶、白陶。白陶在黄土高原十分罕见。一件带盖的白陶簋最薄的地方只有一两毫米，制作水平非常高。白陶原料一种是现在制瓷的高岭土，还有一种是瓷石，瓷石原料可能来自长江中下游地区。

还发现了大量朱砂陶，初步分析认为和良渚朱砂的成分接近。

还发现了非常光亮的黑陶，在黄土高原很罕见。其渗碳技术最像良渚文化，能够很好地控制黑陶渗碳层的厚度。陶器的烧造温度大多为1 000℃以上，最高温度可达1 116℃，烧造技术非常高，因为新石器时代一般陶器烧造温度在1 000℃以下。

还发现了在黄河、长江流域常见的圜底缸，七八十厘米高的彩陶大罐；发现了很多石镞、骨镞上涂有朱砂，可能类似后

发现了数百个箍白泥附加堆纹的陶罐，可能是装祭祀用的肉

彩陶大罐，口径
73 厘米、腹径 78
厘 米、 高 68 厘
米，肩腹部一周黑
彩旋纹，7 个单元

世周天子赏赐诸侯的"彤矢"，这也是一种礼器。

南佐还出土了不少能展现人装束的小陶塑。南佐的圈足簋和屈家岭文化的同类器可能有关系，矮圈足器在屈家岭文化发达，在黄土高原罕见。绿松石的原料更可能来自长江流域。

南佐的白衣陶簋或和屈家岭有关

发现了不少建筑材料，比如土坯和砖，砖是中国年代最早的红砖，是专门模制后烧制的。

炭化水稻几百万粒，可能来自长江流域或自种

第五，发现了大量炭化水稻。我们在祭祀区发现了几百万粒水稻，估计得有一二百公斤，在祭祀时被烧过。这些水稻不排除来自长江流域，也有在庆阳大塬上种植的可能性，目前还没有最终结论。

总的来说，南佐遗址是距今 5 000 年前建筑工程量最大的聚落之一，需要数千人工作多年才能完成，这样的工程量彰显

祭祀区发现的炭化水稻，可能来自长江流域或自种

出国家力量。南佐开中国中轴对称的古典建筑格局之先河，凸显了王权至上，与祀天祭地的神权完美结合。南佐宫城出土文物贵重精致，揭示出阶级分化和远距离贸易控制，尤其与长江中下游地区关系密切。

南佐都邑性聚落的发现表明，距今5000年前后，陇东地区已进入早期国家或文明社会阶段，这对客观认识黄河上中游、黄土高原尤其是陇东地区在中华文明起源和形成过程中的关键地位，对实证中华文明五千年都具有极为重要的意义。

扫码聆听韩建业老师讲座精华

5 500 年前，牛河梁祭祀礼仪完成史前首次制度创新

贾笑冰 *

> 以牛河梁为代表的红山社会……在不晚于距今 5 500 年时，完成了中国史前时代第一次制度创新，以祭祀礼仪、玉礼器使用为核心，形成了整合红山社会的制度。

红山文化的年代范围大致为距今 6 500 年至 5 000 年，时间跨度 1 500 年，空间分布超过 20 万平方公里。本文以正在发掘、研究的辽宁省朝阳市下辖的凌源市及建平县境内的牛河梁遗址为重点，由点带面来讲述红山文化尤其是中晚期的社会发展面貌，由此体会为何说红山文化是中国传统文化的直接根系、中华礼制的起源点。

旧识："坛庙冢"体系的确立

1983 年，考古界前辈们对牛河梁遗址开展考古工作，确

---

* 贾笑冰，中国社会科学院考古研究所研究员、牛河梁遗址发掘主持者。

16 个核心地点确立了"坛庙冢"学术体系

认了早期的 16 个地点。1988 年，以 16 个地点为主体的牛河梁遗址，被公布为全国重点文物保护单位，2002 年公布的牛河梁遗址保护规划中，划定保护区和建设控制地带面积 50 余平方公里。这几年，除了 16 个核心地点外，在保护区和建设控制地带范围内包括周边的新确认遗址点已多达 67 处，极大丰富了牛河梁遗址群的规模和数量。但是这 16 个核心地点仍然有它的存在意义、独特价值，因为它们确立了"坛庙冢"学术体系。

三重坛对应春分、秋分和两至，推测为祭天所用

在牛河梁遗址第二地点总平面图上，中间由石柱围成的圆形遗迹是当时命名的 3 号冢，其实就是祭天的坛。可以看到"坛"有直径不同的三个同心圆，逐级升高形成了三个台阶。如果看细部会发现，围成圆圈的三重坛所用的石头都是挑选过的六棱石柱，它并非加工所成而是依据石头的自然节理形成的，内层石头圈里面还摆放了祭祀用的筒形器。

有意思的是，三重圈直径并不同，大小比正好是 $\sqrt{2}$。根据冯时先生的测算，这三个大小不同的圈分别对应着冬至、春秋分和夏至，与地上所观测的太阳的运行轨迹相同，即三天两地，所以这个三重圆应该是祭天用的坛。很多学者把它和北京天坛联系起来，认为这就是祭天场所。从牛河梁遗址分布情况来看，坛位居整个遗址区偏南侧，与后世的礼仪制度——北郊祭地南郊祭天完全吻合。

女神庙墙壁有彩绘，女神头像栩栩如生

庙指女神庙。

牛河梁遗址第一地点的 1 号建筑址就是女神庙。揭开表土之后能看到在女神庙里有栩栩如生的女神头像、泥塑熊的下颌还有泥塑的熊爪、鹰爪，还出土了绘有几何图案的彩绘壁画残块，由此可知女神庙被装修得非常精美。

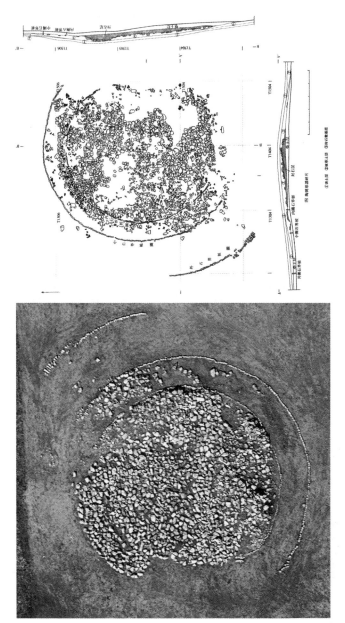

坛的三个同心圆直径正好对应冬至、春秋分和夏至

女神庙实景图

冢内大型墓葬具备阶梯状墓道，为中国历史首创

冢是红山文化比较重要的发现。

以牛河梁遗址第二地点为例，刚开始发掘时认为整个区域都是墓葬区，揭开表土之后把石头堆按照冢编号了，等发掘3号冢时发现并没有墓葬，而是三圈圆坛，后来就把它定义为坛。从西往东依次是1号冢、2号冢、3号冢、4号冢、5号冢，6号冢位于3号冢的北侧，被破坏得比较厉害。

第二地点的1—6号冢

1号冢内北边是大型墓葬，往南一点是中型墓葬，最南边是小型墓葬。从中心大墓 M26 墓葬平面图可以看到一侧是阶梯墓道。商周时大墓都有墓道，一侧带阶梯状的墓道开了中国墓葬制度的先河，但我们在距今 5 000 多年的牛河梁就已看到滥觞。墓中随葬的玉器非常精美。中型墓葬规模小一些，有的南侧有两级阶梯，但墓圹明显变窄，也随葬了玉器。小型墓仅能容身，墓坑很浅，几乎没有随葬品，个别有一两件玉器。

2号冢中间只有一个中心大墓。

4号冢比较特殊，叠压关系较为复杂，目前尚未确认中心位置是否存在大墓。

牛河梁遗址第三地点只有一座冢，外面一圈是墓葬，它的中心大墓位于中心偏北，而很多小型墓是有叠压关系的。

在第五地点 1 号冢内的中心大墓两侧同样带阶梯，出土了玉器组合——勾云形玉器，两件玉鳖，两件璧，一件镯，一件鼓形箍。

第十六地点也有包括中心大墓 M4、中型墓及小型墓这样不同规模的墓葬。中心大墓 M4 在墓主头下的位置放置着一件禽类形状的器物，有人说是凤，有人说是天鹅，总之是与禽类相关。墓主人胸部放置斜口筒形玉器，另一件重要的玉器则是放置在腹部的站立状、双手放在胸前的玉人。这种特

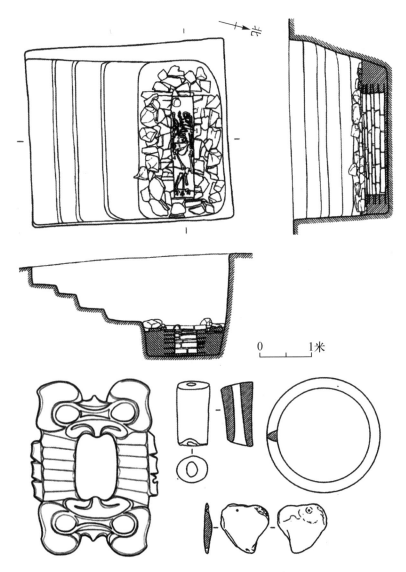

N2Z1 中心大墓 M26 有阶梯墓道，随葬玉器精美

殊的玉器组合彰显了墓主
尊贵的身份。

中型墓出土玉器的组
合减少，小型墓仅能容身，
仅个别有随葬品。

上层积石冢阶段通常有石棺，出现了"唯玉为葬"现象

牛河梁遗址的积石冢
可以分为上层积石冢和下

第十六地点中心大墓 M4 的墓主头下
有禽类形状器物

层积石冢两个阶段。大墓基本都是上层积石冢阶段的，年代稍
晚一些。上层积石冢阶段一般都有石块垒砌得较好的石棺。下
层积石冢一般为土坑墓，周围以碎石封盖，随葬品中少见玉
器，在第二号地点 4 号冢 M5 出土有彩陶盖罐但不见玉器。而
上层积石冢阶段，如第五地点 1 号冢 M1 则只随葬玉器。

"坛庙冢"的体系在中国文明起源中的重要意义可以用著
名考古学家苏秉琦先生提出的"红山文化坛庙冢，中华文明一
象征"作为概括。

"坛庙冢"的发现使红山文化的研究一开始就站在文明起
源研究的前沿，以牛河梁遗址为代表的红山文化，成为中华

N2Z4 上下层积石冢叠压关系

M2Z 上层积石冢和下层积石冢布局略有不同

五千年文明的见证。上下层积石冢的确定，为认识牛河梁遗址的形成与发展提供了更精准的时间框架。上层积石冢阶段的大中型墓基本只随葬玉器，且用玉器来彰显墓主人身份等级和地位，"唯玉为葬"显示红山文化中已出现玉礼制。

新知：牛河梁遗址新发现

首先关于结构布局。

牛河梁遗址第一地点最早确认有四个建筑址，2017—2020年、2021年的深入研究，发现这四座建筑址关系非常密切。

最早的认识初步确认了四座建筑址的性质、功能存在差异：1号建筑址就是女神庙；2号建筑址是面积约4万平方米的品字形山台；3号建筑址是陶片窑，在70多平方米类似房子的遗迹里，出土了大量的在红山文化里专用于祭祀的筒形器残片；4号建筑址是一座75平方米左右的房子，内部有比较密集的柱洞、4个灶址或者火塘，出土遗物较少，也没有其他的生活类遗存。

发现通向女神庙的通道、排水沟，新发现提示四座建筑或是有机一体

2017—2020年，我们把原来含有北山台、西山台、东山台的品字形山台进行了重新划分，根据地面调查和试掘的发现将其进一步划分为8座台基址，根据台基址外围石墙的分布范围可以发现，8号山台石墙向北延伸的区域已达4号建筑址的外侧，由此可以确定4号建筑址应该就在山台区域内。这样，其他的2座建筑址，女神庙、陶片窝可能与山台也有密切的关系，第一地点的4座建筑址并不是各自独立的，而可能属于一个统一的整体。

2021年开始，经过细致调查和发掘之后，我们找到了8座台基址的大致分布范围，调查在原来所认识的2号建筑址的外围还发现了多座零星石墙，推测也和台基建筑相关。至此，整个台基建筑群的范围已达近10万平方米。同时，在通向女神庙的位置我们发现了9号台基，从平面关系上来看，1号建

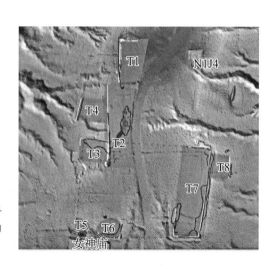

2017—2020年，2号建筑址被进一步划分为8座台基址

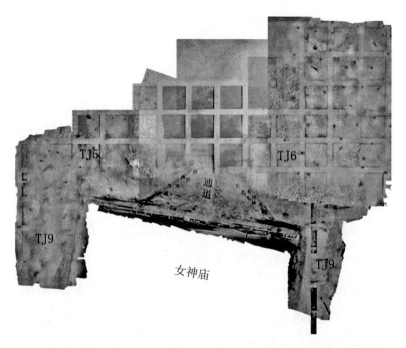

TJ5　TJ6

通道

TJ9

女神庙　TJ9

通向女神庙的位置发现了9号台基，并发现两侧的通道和排水沟

筑址女神庙有可能就坐落在9号台基上。发掘9号台基上的两条探沟时发现了由夯土、石头铺垫的基础。在5、6号台基之间的凹陷地带发现了一条从走向来看是通向女神庙的通道，通道两侧对称排列了两道用石头垒砌的挡水墙和向东西两侧延伸的很长的排水沟。

　　为什么要有排水沟和挡水墙呢？从5、6号台基下来到9号台基，是一个不算很陡的坡。如果雨季山洪暴发，极速累积的洪水可能会顺着斜坡对女神庙和她所在的9号垫土台基造成直接的冲击，而通道两侧修筑的挡水墙和排水沟则可以起到保护女神庙和 9 号台基的作用。

垫土最深达 3.5 米的台基，是依托山脊打造的中轴对称布局建筑的重要部分

女神庙是南北狭长形建筑，其北侧有一条方向与女神庙一致的斜坡状通道，以通向女神庙的通道中心为一轴线，5、6 号台基址及其南侧的"八字形"挡水墙和排水沟形成了东西对称的结构布局。虽然目前仅在第一地点西南区域发现了这种相对严格的对称建筑，有证据显示第一地点可能存在多个局部对称的轴线。因为辽西是山地环境，不太容易像黄河平原或者长江中下游的平原地区那样便捷地营造出中轴对称线，所以选择因地制宜，充分利用地形的山脊走向，而在局部地区或比较重要的地区，则严格坚持中轴对称原则。十三陵的布局就体现了这种大区域依托山势、小区域中轴对称的布局模式。

2022 年，我们在女神庙的北边和东边各打了一条探沟，确认了女神庙就坐落在 9 号台基上，9 号台基残存垫土的深度不低于 3.5 米，约一层楼高。台基依山势建造，通过垫平地势较低的地方形成一个相对平整的台面，所以地势较高的地方台基上的垫土要浅一些，夯的土要薄一些，坡下

地势较低的地方则夯的土要厚一些。以南北向山脊为中心，东、西两侧逐层升高，形成了总面积约 10 万平方米的梯级状台基建筑群，这意味着红山人用人力通过垫土、砌石改造了整个山脊的自然地形。虽然需要把实际自然的基岩山体找出来方能知道这次改造的土石方量，但可以肯定的是这确实是个非常浩大的工程，第一地点是一个经过规划设计的统一整体。

祭祀遗存里发现陶缸组合、燎祭遗存、炭化胡桃等

其次是祭祀遗存的发现和解读。

在台基建筑上发现了不少祭祀用遗物，2020 年在 3 号台基发现了陶缸组合，包括带盖的陶缸，最大的腹径 70 厘米，残高 75 厘米，和过去农村用的小号水缸差不多，但底是残的，没有找到真正的底，应该是目前为止发现的在至少是距今

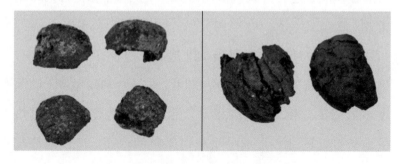

TJ3 燎祭遗存出土了炭化栎果与炭化胡桃

5 500 年中国史前考古文化里个体最大的器物。与其配套的遗物还有钵、罐和圆陶片。

在陶缸组合的附近还发现了燎祭遗存，出土了炭化的栎果、胡桃和经过火烧的玉料。

再思：对新发现的再解读

如何把零碎的考古材料串起来是我们必须面对的难题。按照文明的标准来看，形而下的"器"是物质文化的表征，而形而上的"道"是上层建筑的表征，是制度文明和精神文明的表现，以此来解读牛河梁的考古学新发现或许可以给我们一些新的认识。

三礼中包含了古代礼制四大特点

第一，梳理一下文献和古史领域里对礼制的表述，我归纳为如下特点：

1. 祭祀主体等级不同，祭祀场所规模不同。比如《周礼·春官·大宗伯》说"祭地专于天子，而祭社下达于大夫、士，至于庶人"。意思是只有周王才能祭地，社则可大可小，周天子下辖的土地，是大社；王社只是祭周王畿内之土，显示级别不同祭祀场所规模不同。

《礼记·祭法》"是故王立七庙、一坛、一墠；诸侯立五庙、一坛、一墠"具体规定了不同的祭祀主体有不同的祭祀场所规模。

2. 祭祀对象不同，祭祀方式不同。

燎祭 ——➤ 祀天神

祼礼 ——➤ 享人鬼

瘗埋 ——➤ 祭地示

《周礼》讲"以吉礼事邦国之鬼神示，以禋祀祀昊天上帝，以实柴祀日、月、星、辰，以槱燎祀司中、司命、风师、雨师。以血祭祭社稷、五祀、五岳。以貍沈祭山林川泽。以疈辜祭四方百物。以肆献祼享先王……"就提到了以燎祭的方式祀天上的神仙，以血祭祭社稷，以生肉、熟肉等来祭奠先王等。

《礼记集解》讲"天神在上，非燔柴不足以达之"。天神在天上，祭品烧了，让香气往上飘，天上的神仙就能收到。"地示在下，非瘗埋不足以达之。"地神在下面，要把东西埋下去才能收得到。"人鬼在天地之间，鬱邑芬芳，其气从乎阳而上升，其质达乎阴而下润，故灌用鬱邑，用灌礼祭奠先人，所求诸上下之交也。"以生肉、熟肉或者酒来祭奠人鬼即先王。

3. 祭祀对象等级不同，祭品种类、组合不同。

《周礼·春官·肆师》"立大祀，用玉、帛、牲牷"，祭最高的天神要用玉、丝织品、牲口必须是完整无瑕疵的。"立次祀，用牲币"，祭日月星辰时用牲和丝织品就行了，不用玉器。"立小祀，用牲"，级别最低的祭祀活动只用肉就行了。

《周礼·天官·酒正》讲了敬酒次数也不一样，大祭要添三回酒，中祭添两回酒，小祭添一回酒。

4. 玉礼器显示身份等级

《周礼·春官·大宗伯》云："以玉做六瑞，以等邦国。以玉做六器，以礼天地四方。"

《周礼·冬官·玉人》又云"玉人之事，镇圭尺有二寸"，告诉制作玉器的匠人如何取材，周天子用的圭要"一尺二寸"，用料也不一样，甚至对玉的成分都有相对明确的规定。"天子用全，上公用龙，侯用瓒，伯用将。"天子用的玉料是最好的，纯色不能有瑕疵。

红山信仰已脱离巫术阶段，从强迫、控制神灵转向宗教的以献祭取悦神灵

第二，人类学和宗教学角度。

大家不约而同讲中国有很长的巫觋的传统，很多学者用萨满教的概念解读红山。何谓巫？"祝也，以舞降神者也"或"能斋肃事神明也"。何谓萨满？萨满一词是西伯利亚通古斯族的外来语，意思是"迷狂者"。巫和萨满有什么

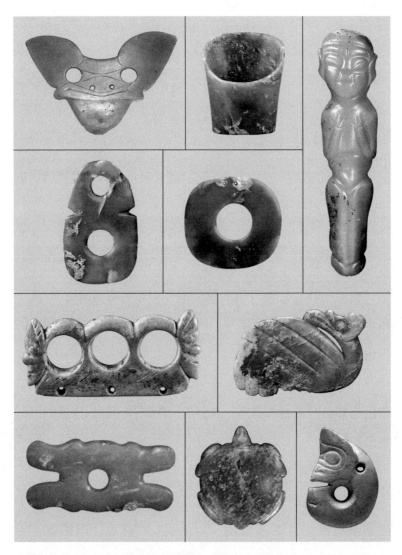

牛河梁不同的玉器表示了墓主不同的身份

关系呢？宗教学者亚瑟·瓦利认为，中国的巫就是萨满。彼得·弗斯特、张光直先生也都这么认为，中国古代的巫和萨满是一回事。

宗教学认为巫术是准宗教现象之一，起源于早期原始社会。其与宗教的不同在于并不是对客体加以神化向其敬拜求告，而是力图影响或者控制客体。人类学家弗雷泽通过在澳大利亚对土著常年的调查收集了很多资料，也得出大概相同的结论。巫或者萨满对待神灵的方式是强迫或者压制神灵，而不是像宗教取悦或讨好他们。比如西北地区有一个晒龙王的仪式，大旱时要求雨，把龙王从供奉的地方抬出来，放在太阳底下暴晒，就是强迫龙王帮着我们做事情。

从宗教发展来看，有距今 3 万至 1 万年前的旧石器晚期的原始宗教、公元前 4000 年至公元前 2000 年前的由原始宗教演化而来的古代宗教和世界宗教、历史宗教几个发展阶段。红山的信仰体系，正处于 5 500 年前的古代宗教阶段。

牛河梁遗址群形成了天神、地示、人鬼的崇拜体系

第三，阐释框架中的牛河梁遗址群。

东山嘴是牛河梁附近的区域性礼仪中心，规模比牛河梁小很多，说明在红山时期已经形成了祭祀主体等级不同、祭祀场所规模不同的特点。

我们在牛河梁遗址发现了燎祭、裸礼、瘗埋等各种祭祀方式，说明已形成了祭祀对象不同、祭祀方式不同的体系。比如，燎祭遗迹中出土的炭化果实，按照文献记载应该是燎祭的一种燃料。裸礼，"以酒灌地以请神曰灌"，是用来敬祖先的。陶缸组合中的圆陶片就是裸礼组合的实物证据。

唯玉为葬，以玉器种类及其组合象征身份等级，在牛河梁里也表现得非常清楚。比如第二地点1号冢两座中心大墓、中型墓、小型墓各出土怎样的玉器，一看就能分辨出来。

同类玉器则以质地和器形大小确定等级。胡头沟是离牛河梁遗址比较远的一处遗址，整体要素和牛河梁很像，但是规模小很多，应该是区域的礼仪中心。两地出土的玉器大小、质地、重量都有所不同。同样的一对鳖或者龟不仅玉料略差，体量也仅相当于牛河梁遗址出土同造型器物的1/4大。

综上，宗教信仰方面的成就，首先是形成了红山社会最高等级的祭祀礼仪中心牛河梁，形成了天神、地示、人鬼的崇拜体系；其次脱离巫术阶段，进入了古代宗教的阶段，形成了以玉器及其组合区分等级身份的玉礼制。

世俗权力方面的成就则显示在沿山体梯级而上修筑的超过6万平方米的台基建筑群，这些建筑是一次规划并在短时间内营建完成的，利用了自然山体并实现了对自然山体的改造。女神庙与北侧的两座台基址以及通道、八字形排水沟和挡水墙形

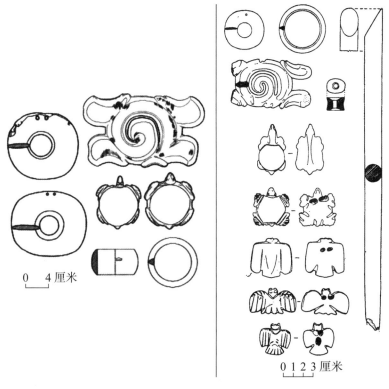

牛河梁 ←——→ 胡头沟

作为区域礼仪中心的胡头沟，其随葬品与牛河梁相差甚远

成了中轴对称布局的建筑群，开创了中轴对称模式的先河。土石交错铺垫台基的做法，与《营造法式》技术标准近似，是后期建筑标准的源头。以上这些发现凸显了红山社会强大的组织管理能力，充分说明红山社会的发展阶段已经达到了相当高的程度。

红山文化不晚于距今5500年，完成史前第一次制度创新

因此，以牛河梁为代表的红山社会有如下特质：

其一，守正创新。继承了辽西地区的文化传统，在不晚于距今5500年时，完成了中国史前时代第一次制度创新，以祭祀礼仪、玉礼器使用为核心，形成了整合红山社会的制度。

丁燕供图

红山玉器与凌家滩早期发现的玉人（左），最新发现龙首形玉器（右上），还有勾云形玉器残片（右下）高度相似。

其二，以文化认同形成兼容并包的弹性社会，社会上层礼制显示出基于等级的一致性，社会生活聚落表现出多样性。

其三，文明互鉴，各美其美，美美与共。红山文化是中国史前社会上层远程交流网络的重要参与者，与凌家滩早期发现的玉人、最新发现的龙首形玉器，还有勾云形玉器残片、燎祭等行为高度相似。这种相似性很难简单地用"东海西海，心理攸同"的理论加以解释，一定是彼此之间有密切的文化交流，取长补短。

其四，影响深远。天神、地示、人鬼的古代宗教体系贯穿中国传统文化的始终。以玉明礼、以玉比德的玉礼制、玉文化到后期甚至扩展到整个东亚地区，所以可以认为以牛河梁为代表的红山文化是中国传统文化核心特质的源头之一。

扫码聆听贾笑冰老师讲座精华

附录 4：良渚、南佐、牛河梁三地各异，但显"中心""堆高"共性

三地遗址的建筑有何异同？

文汇讲堂：此前我们对玉器、陶器讨论已经较多，随着大型聚落发掘的日益增多，从建筑上来看，良渚、南佐、牛河梁三个不同方位的遗址有哪些异同？

* 三地遗址建筑反映了"中心"的共性，王权与神权结合

韩建业：这几个大型遗址不太一样。良渚和南佐较为类似，都是有着比较典型宫城和宫殿的遗址。首先，核心都有 30 万平方米左右的宫殿区域。良渚宫殿区很多建筑保存得不太好，但规模宏大。南佐宫城、宫殿保存得很好，结构清楚，九台之内的其他区域也有很多建筑，南佐的宫殿区还有一条非常清楚的中轴线。

两者的布局上有相似之处，但又不完全相同。南佐对称性

非常强，宫城中轴对称，九台也是中轴对称，都很清楚。良渚城也有很好的结构，但对称性比较复杂。南佐和良渚都强调，宫城在最中心，周边为大型墓葬或祭祀设施，通过这种方式将神权和王权结合在一起。

牛河梁的规模特别大、级别很高，但总体上看还是与祭祀关联更大。最近这两年发现的女神庙附近的 9 个山台区，包括许多建筑，这些建筑在如此之高的山顶上，可能更多是神圣的祭祀性质，例如祭天、祭祖先。牛河梁女神庙向上似乎也有一条中轴线。

虽然三处遗址距离较远，但确实有一些中国化的共性在其中，都强调敬天法祖，强调中心，这和西方不同。西方庙是庙，王宫是王宫，两者是分开的，西方更强调神祇偶像崇拜。

* 良渚有多条轴线，但无中轴线，堆高是中国文化的共性

刘斌：中国历史上真正的城市中轴线，应该是在汉魏时的洛阳城出现的。良渚古城有好几条轴线，但不能称为中轴线。第一条轴线是大莫角山南边，对应着一个尚未挖掘的宫殿高台，尺寸高矮与大莫角山相近，这是一条主要的轴线，是对着南边的陆城门南门。第二条轴线是西面的小莫角山和乌龟山，与粮仓差不多在一条轴线上。第三条轴线在反山和南面的姜家山。这三条轴线是平行的，因此，总体上是多条轴线的结构，主要平

面布局特点表现为内环结构。核心是宫殿区，向外是内城墙、外城墙，是一个中心式的结构。

牛河梁的情况不太一样，牛河梁的重点是祭祀。目前为止，良渚还未发现完全可以称为祭祀区的遗址。瑶山和汇观山称为祭坛，位于城外山上，其与牛河梁功能相似。瑶山可能用来做观象台，后来变成贵族墓地，没有发现过真正的祭祀坑。

良渚是比较完整的地理单元，在两山之间的范围里，以城为核心。牛河梁现在还不具备完整的架构。

总体来讲，两者也有共性。一直到中国后世的高台，无论是作为贵族墓葬还是作为建筑，堆高是其中最重要的一个文明特点。南佐新材料表明，相对来说，代表西北、东北到东南这么大的区间的三个遗址，他们的生业、环境差别较大，但在大的信仰体系上存在较大的共性。

* 牛河梁台子更显礼仪，近山便于与天沟通，更多还待研究

贾笑冰：三地遗址的建筑异同，充分说明了中华文明是"满天星斗，多元一体"的。东北、西北和东南三个地区，往大了说是辽河流域、黄河流域、长江流域各有各的特点，但在各自特点中又隐约蕴含了较为一致的内涵。比如有学者说"统治者山居"，称皇上为"天子"，代表老天爷统治天下，因此统治者

要尽可能离天近，才能很好地与上天沟通。为什么叫山居？因为山高离天近，可以很好与天沟通。一些庞大的、与礼仪性相关的祭祀性物品往往都在山上，越早期越是如此。后期就完全不同了，后期社会在城市规划、理念方面都有所不同。现在来看，良渚和南佐出土的物品、类似宫城的建筑更多地显示出世俗的权力。

牛河梁显示出的完全是礼制性的东西。近 10 万平方米的 9 个台子都与礼仪活动相关吗？每个台子功能是否完全一样？或者是否存在与世俗权力相关的遗迹？这些还待进一步研究发现。包括像南佐和良渚那样完整的聚落址的发掘等基础性工作，都有待下一步的新材料发现。

三个遗址来自哪里，传向哪里？

文汇讲堂：我们今天三个遗址分别来自哪里？其遗址消失后，它所代表的文化又流向了哪里？

* 良渚相承于太湖流域文化，玉琮文化传播至南北影响后世

刘斌：总体来说，良渚文化在太湖流域一脉相承，从距今 7 000 多年的马家浜文化、距今 6 000 年左右的崧泽文化到距今 5 000 年前后的良渚文化。距今 6 000 年至 5 300 年的崧泽文化大文化圈也包含了凌家滩文化。凌家滩玉器整个体系对良渚影响非常大，而凌家滩和红山文化又有着直接的关联。

良渚文化产生的影响现在比较清楚，良渚之后长江下游发展为钱山漾文化和广富林文化，其玉琮往北一直传播到西北的青海、甘肃，影响了齐家文化，近一点的是山东和山西。良渚晚期往南就已到广东。陕北延安芦山峁那两件玉琮，时代大约在良渚晚期，但什么时候传到陕北很难说。从玉琮和玉璧礼器来说，一直可以传到商朝和周朝。

* 南佐是仰韶文化一部分，也吸收了其他地区很多因素

韩建业：南佐是大仰韶文化的一部分，和周围文化也有很多交融。仰韶文化范围很大，一直和周边地区发生交流，尤其距今6 000年以后，对周围产生了较大的影响。

到了距今5 000年左右，由于南佐是一个都邑性遗址，与周围交往更多偏向于海纳百川式的吸纳，体现在陶器制作技术、陶器原料，还有绿松石、朱砂和大量稻米的来源上。许多初步的科技考古分析显示，南佐似乎与长江中下游地区存在密切关联。有人也许会问，是当时长江中下游地区太强势而影响了南佐，还是南佐要把长江中下游地区"管"住？我认为都不是，应该是大型聚落之间在高级知识、特殊物产方面的互相交流、取长补短和贸易。

南佐是否和良渚有过上层交流？不敢确定，有几项研究指标显示是这样的。此外，陇西的大地湾四期仰韶文化确实有过来自红山文化的因素，大地湾的石璧和同一时期红山的玉璧形态相同。南佐还没有明确发现玉，玉是东方的东西，只发现了可能来自长江流域的绿松石。

* 红山在辽西文化内传承，吸收周边加以强化并内化

贾笑冰：红山文化是守正创新的。它延续了辽西大文化序列上的文化传统，其从距今 8 000 多年的兴隆洼文化开始，到距今约 7 300 年至 6 400 年的赵宝沟文化，再到距今 6 500 年至 5 000 年的红山文化。比如最早的石人在兴隆洼文化阶段的白音长汗遗址开始出现，到了赵宝沟文化发现稍微多一点，但仍以石人为主。到了红山阶段，除了石人之外还有玉、陶、泥塑的，这是对前期的发扬光大。国内最早的玉器在黑龙江小南山，到 8 000 多年前辽西的兴隆洼文化也有了小件玉饰品，赵宝沟文化目前不太清楚。到红山文化阶段，玉器已如此发达，并且形成了用玉制度。

这些都是在辽西文化本土传统里面传承的，又接受了周边文化对它的影响。比如用彩陶技术来展现辽西地区传统的纹饰，先是吸收，然后把它强化，慢慢形成了自己的文化特征和制度。

如何接着走好中国考古道路？

文汇讲堂：从 2022 年 11 月 26 日的系列讲座第一期到今天的第三期，我们看到了很多考古成果，从学术上来看，中国考古人有了自主知识的生成。你们三位作为学界带头人，觉得这个领域接着再如何往前走？

* 从建立和解读各地文化区系到大地理单元的大考古

刘斌：中国现代考古虽然起源于 100 年前从西方传入的方法，但几十年前就在走中国自己的道路。中国考古可能与其他国家不太相同，它的时间有 8 000 年这么漫长，版图又很大，存在广泛的区域互动，有着丰富的文化传承，所以，中国考古不能光搞一个地方，必须站在一个较大的版图和很长的历史阶段来认识问题，我们肯定还是要沿着自己的道路走下去。

不管用什么样的理论，最终还是要解决实际问题，还是要从实际的遗址出发。我个人认为，中国考古发展至今，在 20 年前我们是以建立各地文化区系为首要目标，现在做的是解读性的工作。接下来的中国考古将进行区域性、大地理单元的大考古，在一个区域内尽量做到更全面、更微观地来认识，以此来解读大的历史问题，这可能是中国考古想要解决和想要做的事情。

* 中国考古学有自身特色，也有世界共性，文明需要交流互鉴

韩建业：我同意刘老师的看法。中国考古学有自己的特色，我们特别注重对中华文明历史的研究，特别注重对全国"多支一体"文化谱系的研究，在田野考古学、在大遗址研究方面，尤其像良渚古城这样的工作，形成了很多自己的特色，应该坚持下去。另一方面，我们的考古学理论方法主要来自西方，西方很多理论方法和技术也在不断发展，我们也需要向西方同行不断学习，取长补短，需要在交流中提升自己，需要有文明交流互鉴的理念和胸怀。

* 从理论、方法上追求独创，以此看清对世界文明的独特贡献

贾笑冰：你提的这个问题是一个大的理论问题。刚才二位讲得很好，都强调了中国考古学的特色，并指出现在中国考古学文化和文明已经进入一个解释阐释的阶段。我们如何结合自己的理论方法，结合中国自己特有的文献材料，就显得很重要。习近平总书记在"5.27讲话"中也提到，所谓多学科合作，除了自然学科还有哲学社会科学等其他学科门类的，我们要把这些相关理论方法充分利用起来、结合起来，以阐释我们的考古材料。

中国特色除了实例，像良渚、南佐以及牛河梁这种独一无二的实例之外，我们的研究方法、理论方法也要突出自己的特色，通过我们的阐释把中国特有的文化内涵上升到理论层次、哲学高度之后，就能清晰地看到哪些与世界有共性，哪些是我们独有的，独有的在世界文明起源和人类文明发展过程中有过哪些贡献，这也是将来我们要关注和解决的比较重要的方向和问题。

附录5：谜团？牛河梁遗址大墓唯玉为葬，但墓主生活在何处

家猪陪葬数量反映了墓主人的财富地位

武汉教师王利芬：猪下颌骨随葬或者祭祀现象从距今9 000年的贾湖、距今8 000年的兴隆洼到距今4 000年后的龙山时代都可看见，在驯化猪比较常见的情况下，为什么南佐主要大墓随葬的都是下颌骨？有无上颌骨？

韩建业：猪是中国最重要的家畜，9 000年前贾湖就有家猪的饲养，墓葬里也有随葬的猪下颌骨。长江、黄河流域很多地方都有，山东、湖北大墓里有时候能发现几十件，最近发现河南南阳黄山一个大墓里有200多件，这可能与财富有关。但南佐在祭祀区出现那么多猪下颌骨还是比较少见的。

通往女神庙的通道与排水沟的夹角约 45 度

北京文博人王晶： 新发现的牛河梁 9 号台基两侧水沟和中间通往女神庙的通道夹角是多少？两侧水渠是用石材建造的吗？

贾笑冰： 夹角度数还没有测算过，目测在 45 度左右。排水沟没有什么特殊的，就是在夯土台基面上往下挖了一条沟，沟壁和沟底都是夯土，挡水墙是用石头垒的，中间的通道是在基岩上用 15—20 厘米厚的夯土夯筑起来的。

牛河梁大墓主人生活在何处？目前仍是未解之谜

上海自由职业者王勇： 牛河梁发现了许多墓葬和祭祀遗址，并且"唯玉为葬"，当时人们生活在哪里？

贾笑冰： 生活在哪里，我们正在找。牛河梁遗址核心区有 50 多平方公里，大部分已经确认的遗址点，都是与礼仪行为相关的，有积石冢，也有像第十三地点、第一地点那样比较特殊的遗存，当然也有个别规模较小的居住遗址。但是大墓主人住在那么小的聚落里可能不太配套。大墓主人到底来自何处，目前为止还是困扰我们的一个问题。

早期雕像都是女性形象，
表明先民祈求丰产而崇拜女性

上海英语老师熊明秋：女神庙与女娲传说有关系吗？我看到夫妻并立神像石雕，是否表示北方妇女地位比较高？红山有没有这方面的特点？

贾笑冰：庙的得名源于北京大学严文明先生。当时庙里发现了一个性别特征不是特别明显的头像，还有其他的人像残块，有的女性特征比较明显，所以才称为女神庙。当然里面也有鹰、熊这些形象的泥塑。

女神庙的主神是什么？红山时期的主神到底是什么？是女神还是其他神祇？目前为止还不太清楚。至于同女娲有没有关系，我无法回答。因为用考古学材料探讨族属都应该是需要特别谨慎对待的事，恐怕很难说与某位传说中的人物有所联系。

从最早的雕像来看，例如在距今 8 000 多年的辽西地区兴隆洼文化时期，在半地穴式房屋遗址中的方形灶坑后面清理出一尊石雕人像。在南面附近还采集到其他石人，据说也出土于房屋附近，当时可能作为一个灶神被家主所崇拜。从世界范围来看，最早的雕像都是女性，多与先民求丰产有关。

至于女性地位是否很高，很难说出土女性雕像就表明当时社会一定以女性为主。可能有女性崇拜的传统或者祭祀丰产女神的传统，后来仍然要使用其象征意义，但实际上社会已不再以女性为重。我认为，一定要参照其他多种证据，组成一个证据链才能说清楚此事。

4700年后的庙底沟二期是黄河流域的历史大转折点

深圳金融行业从业者吴昊天：南佐遗址与马家窑文化的关系是什么？从时间上看，南佐处于庙底沟二期前夕，目前对南佐的研究能看出两者之间有什么相互关系和影响吗？

韩建业：南佐偏晚阶段和马家窑早期阶段年代差不多。南佐位于陇东，当陇东地区兴起这么大的中心聚落时，西边马家窑彩陶非常发达，社会相对来说复杂化程度没有那么高。马家窑文化的人口增加后往西走，走向河西走廊、新疆、西藏、四川、云南，人口都分散了，没有聚集形成像南佐这样的中心。虽然两者的文化根源是相同的，但社会发展却走向了分道扬镳的道路。

现在来看，南佐基本没有庙底沟二期的东西，最晚在仰韶晚期末段，距今 4 700 多年。之后进入庙底沟二期，整个黄土高原发生了巨大变化，中心转移到陕北，陕北遗址数量增加了四五倍，出现了许多军事性很强的石城。推测有一大批人从陇东、关中等地迁到了这里。庙底沟二期是一个特别大的转折点，这时黄河流域文化和社会格局变化是极大的，双槐树等大型聚落全部消失了。可能对应轩辕黄帝打败蚩尤的涿鹿之战。

从文化上看，南佐与当地庙底沟二期时的所谓常山下层文化或者仰韶文化常山类型是一脉相承的，但在社会上存在巨大变化，中心转移到陕北了。当然在庆阳这边还有一些很重要的遗址，比如镇原老虎嘴遗址发现了大量的陶水管等，表明该地还有一些有一定规模的中心，但与之前不可同日而语。

良渚古城的先进水利系统形成水路交通

上海文化传播者蒋慧红： 良渚水利工程非常巨大，这样的水利工程对良渚古城到底意味着什么？

刘斌： 良渚的水利系统在申遗前确定了 11 条，上游形成了非常大的水库区。从整个良渚古城的营建过程来看，我认为它与建城是同时期的甚至稍微早一点，为了向城内运送东西，许多木头都通过此运输。良渚古城美人地遗址外郭城堆砌的时候，人工堆筑的高地接近 2 米高。堆砌的时候先把水放干，堆好之后再把水放进来，水深约 1.5 米左右，形成水路交通，所以我认为水利系统是一个控制水的系统。它与水稻灌溉应该没有直接的关系。

良渚都城与其他地区是一种结盟式的关系

苏州读者周祎立：环太湖其他地区发现的大中型墓主和"良渚王"之间有什么关系？平时如何维系？玉是不是主要的载体？

刘斌：中国古史从上古时期一直到周以前，都采用一种联盟制度、会盟制度的统治方式。一个考古学文化相当于一个族群，是一个文化共同体，遇到事情可以进行会盟。玉器代表他们的共同的信仰，既是结盟认同的信物，也是商品。良渚古城里居住的主要是工匠，城市人口和其他农村人口存在一种商品经济交换的方式。

渭河流域距今5000年左右的陶器同属仰韶文化类型

云南投资行业人员何仁：南佐遗址在陶器形制、祭祀仪式、墓葬形式方面，与其他同时期文化遗址相比有什么异同？有哪些独特之处？

韩建业： 南佐的陶器属于仰韶文化晚期范畴。渭河流域距今5 000年左右的陶器都长得差不多，南佐的小口尖底瓶、平底瓶、罐、双腹盆等，在渭河流域陕西、甘肃这些地方都很常见，彼此会有一些小的区别，但同属一个仰韶文化的某个地方类型。还比如陕西蓝田新街遗址发现与南佐同样的红砖、朱砂陶、白衣陶，西边天水师赵村遗址也有类似南佐的彩陶花纹等。

中国文化中，人神共生共存；西方文化中，上帝创造一切

深圳证券从业者王冬明： 中国5 000年前巫文化体现了对神逼迫配合而非取悦的精神，西方文化直到百年前尼采才说上帝已死，您怎么看待中西文化中的人神关系？

贾笑冰： 中西人神关系是一个比较大的题目。从中国来看，人神关系有两个关键点：第一，颛顼绝地天通。早期巫盛行，所谓"人人为巫"，谁都可以当巫，可以求雨，只要你有这种能力，无论是天生、世袭，还是经过后天学习教育，都可以成为

巫，也就是跳大神。到了颛顼时期，提出"绝地天通"，规定只有颛顼和他指定的祭司集团才能与上天沟通以加强其统治。

商周时期出现了变化，周公制礼作乐，把脱胎于宗教礼仪的一套东西变成整合社会、管理社会的社会体系。此时，需要把祭天和祭礼的活动更多地与人文结合，就是所谓人文化的转向。等到春秋晚期和战国初期之时，中国、古希腊、印度和以色列几乎同时发生了一个哲学突破，即通常所说的"轴心时代"。由于礼崩乐坏，儒家进行了一个重新的思考。孔子说，敬鬼神而远之，意思是不需要巫师集团帮助我通天，而是通过我内心修养与上天沟通，了解天神的意思，再把神的意思变成我自己的意思，变成自我的道德修养，这就导致了彻底的人文转向。

到了西周初年，人神之间的关系是"天视自我民视，天听自我民听"。虽然周天子是天派下来的，但是天如何决定是不是让你延续天命，让你接着做天子，要看民视、民听，就是看民意。民觉得你可以，你就接着干，如果你做的事民不满意，天就要结束你的统治，要改朝换代。并且，"天"没有一个具体的名字，只有一个大而化之的概念。周天子，也包括殷代商王，他们去世之后可以在老天爷周围，变成天庭里的一部分，"不王不禘"，当然商王或者周王祖先可以上天参与管理民间这些事。也就是说，人和神之间是一个内化的关系，中国人的观念里没有一个超越于现实世界的超越世界，所有人都在入世过程中参与这件事。

国外人神关系是相反的，上帝创造了一切，你所有的言行要听上帝的。这就是中西方人神之间关系比较大的区别。

牛河梁积石冢体现了先民的石头崇拜

兰州大学研究生王奕兴：牛河梁这些积石冢为什么要由石头组成？生活用具是不是也用石具？

贾笑冰：这就是反映了一种石头崇拜，尤其是对白石头的崇拜，世界许多地方都有这样的崇拜方式，所以建筑物要用石头建。此外，从认知上来说，石头比较坚固耐用，能够流传下去，不像土容易被瓦解。

良渚文明的众多因素都传给了后世，如沿水而居

广东肇庆博物馆张致政：良渚除了玉器传下去还有什么文明元素传下去了？

刘斌：良渚文化的许多物质和信仰、习俗、观念等都传承到了

后世，包括水稻、养猪、漆木器等，良渚的石犁、V字形石刀在陶寺遗址等都有发现。在城市格局方面，中心王城最高，向外形成三环结构，以及沿水而居的生活方式和水路交通等，都传到了后世，当然这些并不是单一从良渚文化传承的。

5 000 年前的南佐区域建有较大的水利工程

甘肃庆阳博物馆卢广成：南佐离河这么远，水源从哪里来？为什么房子不用要夯起来？

韩建业：研究表明，5 000 年前南佐区域比现在的雨量要大多了，水位也更高，当时塬面上应该有流水，而不像现在水都在下面的河沟里面。当时南佐区域有很大的水利工程，有很多沟壑，可能也可以种水稻，环境与现在有较大区别。

至于为什么那些建筑要夯起来，显然是上面要盖新的房子，以前的房子不用了。为什么要盖新房子？猜测可能重点有所转移，目前还不太清楚。考古发现确实上面盖了新房子，可惜这些新房子保存得太差了，只剩一些局部遗迹。

4000年：早期的国家与最初的王朝

4 300 年前的陶寺，"最初的中国"从此走来并成长

高江涛 *

> 这座都城创造的文明多为夏、商、周以及后世所继承发展，成为中华文明多元一体发展的重要标识和主要源头之一。

陶寺是距今 4 300 年的著名遗址，是晋南之地的文明蕴化出的一座都邑，它是我们文献中记载的中华尧都，还有可能是我们说的"最初的中国"，而最初的中国创造出来的文明传继至今。这就是隐藏在陶寺遗址背后的逻辑线索。

文明蕴化：地理上有先天优势

如果从更大的地理背景上来分析陶寺，我们会发现陶寺遗址所在地晋南，尤其是它所处的小环境有着优越的地理位置、

* 高江涛，中国社会科学院考古研究所研究员、陶寺考古队领队。

良好的生态条件以及深厚的文化底蕴。该地至少在 7 000 年前就已存在著名的枣园文化。更为重要的是，通过细节分析发现，陶寺所在的小环境有着明显的微型"生态交错带"，因此是文明易生之地。

地处典型的依山傍水、宜居之地

从大背景看，陶寺所在的晋南地区分为三个盆地：临汾盆地、运城盆地和垣曲盆地。陶寺遗址位于临汾盆地偏中间的位置，其所在的小区域环境更值得关注。首先，它位于山西的母亲河汾河边上，靠近塔儿山。"塔儿山"，顾名思义，因山上有塔而得名，又称崇山。神奇的是，塔儿山突兀地矗立在临汾盆地之中，成为临汾盆地乃至整个晋南盆地里的最高峰。在盆地外当然还有远处的太行山和吕梁山。通过航拍图可以发现，陶寺东南面的山脉呈一个大写"C"字形的半包围态势，这种态势通常被风水师称为"太师椅"地貌，是风水极佳之地。结合起来看，陶寺恰好处于汾河与塔儿山之间，地理位置上属于典型的依山傍水。

如果从更高层次的山水空间来看，图中发暗的部分是地势最低的汾河，发亮的部分是高山。而陶寺就处于暗与亮的部分之间，有点类似山水"阴"和"阳"之间。当然，似乎也可以说它是阴阳交会之地，它的山川空间是个非常典型的适宜居住地带。

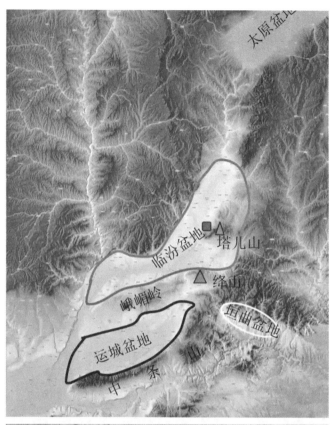

陶寺位于临汾盆地中部,"依"塔儿山,"傍"山西母亲河汾河

生态交错带和相对封闭性，是文明易生地

总的来说，我们对陶寺所处的小区域有两点认识。

第一，是明显的微型"生态交错带"。陶寺处在一个相对平坦的大缓坡黄土台塬地带，排水比较通畅。更为重要的是，地域延展性很强。同时，土壤干湿度较为适中，土地肥沃度也较为适宜。

第二，是"相对封闭性"的环境。它位于临汾盆地之中，再加上山脉的半包围形态，形成了一个相对封闭的自然环境。国外"限制性"理论认为，早期国家最有可能在自然环境相对封闭的区域产生，因为在相对封闭的小区域环境中，如果环境优越、土地肥沃、水文适宜，便能使该区域内的农业经济迅速

陶寺位置符合管子所言"非于大山之下，必于广川之上"，是相对封闭区，文明易生地

发展，财富迅速积累。为了保护这些经济和财富，各种政治权力机构和与分配财富密切相关的等级制度随之产生。显然，陶寺很容易产生这些上层建筑。我们判断文明最核心的东西就是权力机构、政治组织机构的复杂与成熟度，复杂到了国家出现，文明就会形成。从这个角度来说，陶寺所在区域是一个文明易生之地。

这并不是今天才得出的结论，先秦的诸子百家们很早就发现了这样一个规律。《管子·乘马》开篇说："凡立国都，非于大山之下，必于广川之上。高毋近旱而水用足，下毋近水而沟防省。"意思就是，建立国都之地，在大山之下，广川之上，不能离水太近，也不能离水太远。而陶寺遗址恰好符合这样的特点。

煌煌都邑：衣食住行、生产劳作

在前述这样的大背景下，诞生了一个煌煌都邑，形成了一个大大的都城。

开创双城制先河，功能分区事先规划，以人为本

从筑城造郭上看，280万平方米的陶寺修建了巨大的城墙，城墙内有核心区宫城。这样既有在内的宫城，又有外部的

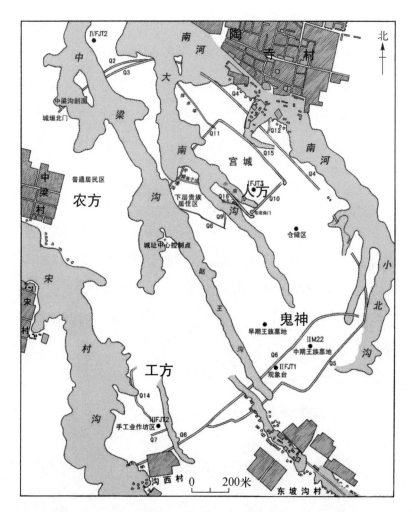

陶寺城内有序布局，如《周易》所言"方以类聚，物以群分，吉凶生矣"，人方为高级居住区，农方为普通住宅区，鬼神为墓葬区，工方为手工作坊区

大城郭，形成了后来都城制度常见的一个重要特征，即所谓的双城制，而且比较规整。

最重要的是，这座城不仅仅是简单地被筑造出来，它还蕴含着明确的规划布局理念。为什么这样说呢？基于考古的钻探和发掘后发现，城的东北部是它的核心区宫城所在，宫城近处是仓储区，东南部是墓地，西南部是手工业区，西北部是普通居民区。显然，这样一座城并不是无序的状态，而是存在明显的功能分区。

并且，这种明显的功能分区还蕴含着规划布局理念。例如有的学者提出，宫城在城的东北部，而手工业区怎么会在远离核心区宫城的西南部呢？用今天视角来看，手工业生产显然需要烧窑、打制石器等，其实是个"工业园区"，还显然是一个工业"污染区"。所以，它得远离核心区，被安置在城的西南部。这与现在的大型城市布局有些相同，一些重要的都城性的城市西南之地大多环境较差。

更为明显的是，陶寺都城布局体现了先民传统理念。《周易·系辞上》中记载："方以类聚，物以群分，吉凶生矣。"这个"方"不是我们说的不同的人，而是不同的划分区域。宫城这个区域主要是住人的，是核心人物居住区，即可以成为"人方"。

基址上发掘出的主殿面积为 540 余平方米，异常宏伟

在建宫立室上，现在 13 万平方米的宫城内，勘探面积达到 1 000 平方米的夯土建筑基址有十余处，夯土建筑基址很可

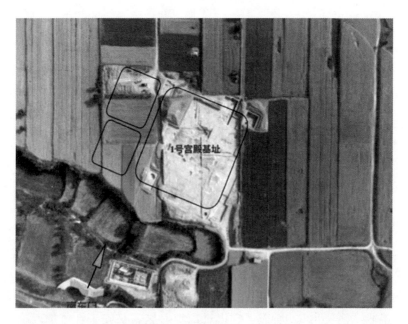

1 号宫殿基址实际勘测面积为 6 500 平方米

能就是宫室一类的建筑。其中最大的一处基本上已经完整揭露，称为 1 号宫殿基址。边上还有两个与之并行的夯土基址，目前尚未发掘。在钻探之前，估算 1 号夯土基址面积为 8 000 多平方米。实际勘测发掘面积约为 6 500 平方米。

陶寺发掘的遗迹大多都是地面以下部分，地面以上的遗迹遗存基本不复存在。所以，我们很羡慕石峁遗址，石峁遗址保留了许多重要的遗存遗迹，尤其是城墙，有的地上遗迹还保留了 3 至 4 米。但陶寺只能在土里找寻遗迹了，因为多数都只剩地基了。幸好 1 号宫殿基址还保留了一些重要的遗迹。

1 号宫殿基址存在建筑中轴线，已发现的 540 平方米主殿后推测另有一个同等规模主殿

目前发掘的 6 500 平方米范围内，将近 1/4 的基址都被破坏了，地面与地面之间的落差甚至达到 1.8 米。万幸的是，3/4 的基址还有所保留。经过发掘发现，它至少有一座主殿和三座附属的房屋，主殿残留了三排 18 根柱子的柱洞和柱坑

遗迹，柱洞的直径实际上就是柱子的直径，在 50 厘米左右，下面是柱础石。如果它是一体的，可以说该主殿是两个进深（指建筑学上独立房室前墙皮到后墙皮间的实际距离），面阔七间，这样仅主殿的面积就能达到 540 平方米，大家可以想象一下它的宏伟程度。同时，我们推测后面还有一座像它一样的主殿，因为这个地方还保留着三个柱洞。而最北的柱洞和最南的柱洞之间的柱间距与前面发掘确认的主殿完全相同，都是 11.5 米。此外，1 号宫殿基址甚至还很可能存在建筑"中轴线"。

发现动物与人双层祭祀坑及疑似藏冰纳冰的"凌阴井"

2022 年有个新发现，我们在 1 号宫殿基址西侧的边缘发现了一个属于 1 号基址始建时的祭祀坑，它周围还有一些十分规整的遗迹，不排除未来继续发掘的可能。这种祭祀现象比较复杂，是首次发现的与宫殿有关的祭祀坑。这个祭祀坑分为上下两层，上层埋的是猪骨与狗头骨，还有烧烤过的陶器；下层则是三具人骨，包括两个成年人和一个没有头的儿童。而在 1 号宫殿的南边发现了一个"井"，但它并不是陶寺常见的井，因为基本见不到打水用的扁壶。一般来说，井从上到下都是越来越窄，而这个"井"的井底反而扩大了，显然它不是普通的"水井"，我们推测或许是用于藏冰纳冰的"凌阴井"。

发现可能用于藏冰纳冰的"凌阴井"

开创铸铜的复合范铸技术先河，有观象台，发现水稻

在陶寺城里发现了四千多年前的"观象台"。城内还发现了墓葬，可以说是聚族而葬的城。早期墓地共发掘有1 309座，更为重要的是，这1 309座墓呈现出明显的等级分化，且大型墓相对集中在一个区域。尽管不像殷墟集中出现了王陵区，但这些墓葬出现了相对集中的现象。

城西南是陶寺的手工业作坊区，先民们在这里生产劳作。

四千多年前的观象台

与生产、工业密切相关的是，陶寺还发现了数量较多、种类不同的 7 件铜器，这就表明陶寺已经出现了铜器群。而且这些铜器的铸造技术就是后来辉煌的夏商周三代常见的核心技术——复合范铸技术。一定程度上来说，陶寺或许开创了复合范铸技术的先河，因为它有明确的铜容器，比如铜铃，还有一个很可能是铜盆的口沿。

铸铜以范

此外，陶寺先民在此处生产生活，种植"五谷"，但目前尚未发现小麦，食物以粟和黍为主。但在 2015 年，陶寺确实浮选出来了水稻、大豆等，说明当时进行了多样的农作物种植。当然也有畜牧业，以饲养猪为主，还发现了绵羊、黄牛、水牛、竹鼠等品种。

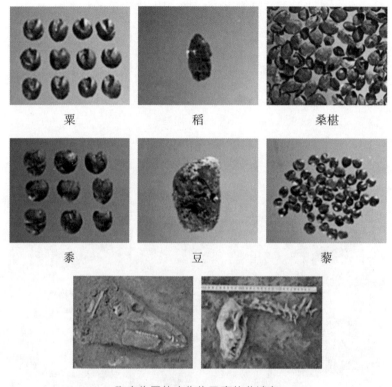

粟　　　　　　稻　　　　　　桑椹

黍　　　　　　豆　　　　　　藜

陶寺先民的农作物及畜牧业遗存

中华尧都：实证印证旁证佐证

据文献记载和学者研究，主流观点一般都认为陶寺是文献记载中的尧都。作为考古学者，在材料不足的情况下，我们甚至不敢轻易与文献对应。但是，陶寺的相关材料比较充足，文献资料也较多，我们认为陶寺发现与文献还是要有所对应。而且更为重要的是，百年考古实践证明，我们在夏代之前并不是没有历史，现在需要强调的是，以尧舜禹为代表的那个"时代"是真实存在的。至于给我们发现的那个时代的不同遗址贴上什么样的标签，或者具体说它是谁的都城，那是仁者见仁、智者见智的事。

就陶寺而言，如何证明？我认为不仅仅是二重证据法，有四个方面可以讨论。

第一，有考古实证。上面已经详细阐释。

第二，有文献印证。大量的文献记载印证陶寺很可能是尧舜时代的都城，比如《尚书》《论语》《史记》《周易》《帛书》《竹书纪年》等均有记载。

第三，有民俗旁证。在陶寺一带有许多有趣的民俗传承至今。比如，陶寺周边的百姓不把太阳叫作太阳，也不叫日头，而是叫"窑窝"，当地人发音就是"尧王"。又如，洪洞"接姑姑，迎娘娘"的走亲习俗传承至今，这里的"姑姑""娘娘"就和尧的二女密切相关。而在陶寺，直至今天还有一个"二月二龙抬头"的社火节，每年举办，延续已久。

还有，霍州清明祭祖时最典型的祭品是一种叫"蛇盘盘"的花馍，这个花馍与陶寺的龙盘竟然有些相似，这就是一种

临汾流行"威风锣鼓",陶寺发现大量鼓（上图）；陶寺的龙盘（下图）

民俗的传承。另外，在临汾整个区域有一项特别流行的非物质文化遗产"威风锣鼓"，在陶寺也发现了大量的鼍鼓、土鼓等鼓乐。

第四，有文化遗产的佐证。临汾地区有"三尧"，分别是尧庙、尧陵、尧居，还有一个有趣的景区叫作仙洞沟，此处有一天然石洞，传说是尧帝与夫人鹿仙女洞房花烛之地。1926年，李济先生做晋南调查时，就到仙洞沟做过旧石器的调查。

最初的中国：地中的最早所在地

陶寺不仅仅是尧那个时代的都城，还应是"最初的中国"。中国的本意就是所谓的地中之国，关键的是"地中"。《清华简》中提到的四个"中"，很多先生都认为是"地中"，且是个具体的东西，很可能就是指"圭表"。陶寺确确实实发现了与观象有关的东西，M22也出土了疑似的"圭表"。最关键的是，圭表不同的涂漆形成的色带中，有一个位置出现了两个粉红带，它到漆杆始端的长度是39.9厘米，换算成陶寺尺为1.6尺，恰恰是《周髀算经》中提到的夏至影长，就是"地中"所在的夏至影长。

这恰恰说明了一个问题，最早的人们意识形态中的"地中"，也就是4 000多年前的"地中"是在晋南这个地方，只是到了西周选择都城时，逐渐把"天下之中"或者"地中"转移到了洛阳盆地，二者实际上并不矛盾，很可能存在两个"地中"的转化。所以4 000多年前的"地中"应该是在晋南。从这个意义上来说，晋南所在应该是最初的中国所在。实际上，苏秉琦先生在较早时就提出了这一看法。

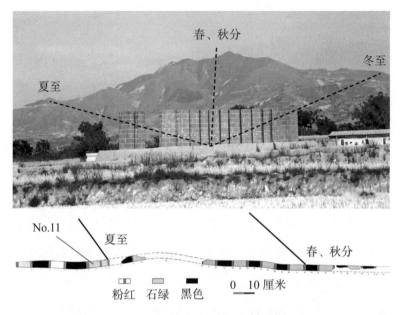

陶寺出土的观象台复原图与疑似"圭表"

在我看来，最早的中国应该从发展历程的角度来说：从距今 6 000 年的庙底沟文化时期开始是从文化母体中孕育"中国"；到陶寺文化时期，诞生了"中国"；而至二里头时期已经是相对成长起来的"中国"。

文明传继：今日中国，陶寺走来

陶寺文明创造了许多品质，这些品质一直传承到了今天，例如王权社会、礼制礼器等。这里墓葬的礼器空间为我们呈现出满满的礼仪场景，可见，此时的礼制已经初步形成。更为重要的是，这个文明体表现出海纳百川、兼收并蓄的特点，甚至其墓葬的陈设都体现了帛书《周易》中所展现出来的"和合"思想以及协和万邦的思想。协和万邦，万邦万国协同发展，这种思想在一定程度上正是构建"人类命运共同体"的理念。

陶寺文化表现出更多的务实创新的品质，创造出一些新的器物种类，如多孔玉钺、多璜联璧、组合头饰、绿松石腕饰等，也包括前述复合范铸铜器。此外，陶寺文明作风务实，先民观象授时，十分注重发展农业经济，同时讲究传承，如对都

陶寺出土器物种类多有创新，如多璜联璧、组合头饰、绿松石腕饰

城的布局和功能分化以及宫城的营建，从陶寺传承至二里头，同样得到传承和发展的还包括铜器铸造技术。

我们可以遐想一下：距今4 300多年时，晋南地区表里山河，沃野千里。在不同文化互相碰撞的情况下，孕育出一座煌煌都城。先民们在这座都城里筑城建宫、敬授民时、以礼治国、合和万邦，呈现出一个早期国家的面貌，而它很可能是我们的"中华尧都"，更有可能创造出了最初中国的模样，成为黄河流域进入早期文明社会的最早实证。这座都城创造的文明多为夏、商、周以及后世所继承发展，成为中华文明多元一体发展的重要标识和主要源头之一。从这个角度而言，我们似乎可以说：今日中国，陶寺走来！

扫码聆听高江涛老师讲座精华

石峁，陕北高原上最早形成的早期国家

邸 楠*

> 从公元前 3000 年至公元前 2000 年之间，陕北地区
> 经历了一个从平等社会到复杂社会的发展过程……
> 出现了社会阶层和权力的分化，最终形成了早期的国家。

早在 20 世纪 80 年代，考古学家苏秉琦先生在探索中国文明起源时就提出了著名的"区系类型"理论，将中国的新石器时代划分为不同区系，每个区系都有自己独特的文化特征和发展道路。之后严文明先生在此基础上又提出了"重瓣花朵"式的格局，概括了中国史前文化的统一性和多样性。石峁所在河套区域在距今 5 000 年至 4 000 年前后已经形成一个拥有独立起源及完善发展体系的文化区。

---

* 邸楠，陕西省考古研究院副研究馆员、石峁考古队副队长。

陕北史前聚落分布密集，文化发展脉络清晰

陕北高原是河套文化区的重要组成部分，地理上的陕北包括陕西省延安市和榆林市，由于延安南部区域与渭北黄土台塬相连，文化更接近关中地区，文化上的陕北地区主要包括榆林和延安的北部，面积约 5 万平方公里。地貌特征包含了北部的毛乌素沙漠、南部的黄土丘陵沟壑区和西南部的白于山山地，气候非常干旱。现在看这个区域土地贫瘠，但是新石器时代遗址分布非常密集，在 2007—2011 年第三次全国文物普查中，榆林境内发现的新石器遗址总数达到 4 000 多处，占陕西省总数的 1/4，分布密度接近于现在的村落。

陕北地区公元前三千纪的史前文化大致分为三个阶段：公元前 3000 年至前 2500 年，可归为仰韶时代的晚期，公元前 2500 年至前 2300 年，可归为龙山时代的早期，公元前 2300 年至前 2000 年，可归为龙山时代晚期。陕北地区从仰韶晚期和龙山早期的近 800 年的历史变迁中，逐渐出现社会复杂化的趋势，到了龙山时代晚期整个聚落和社会的变化更加剧烈，主要体现在以下八个方面。

从同质平等到"众星捧月"，聚落等级明显分化

仰韶时代晚期聚落多选址在靠近河流的平缓山丘上，规模多在 1 万—30 万平方米，虽然之间出现等级差异，但差异并

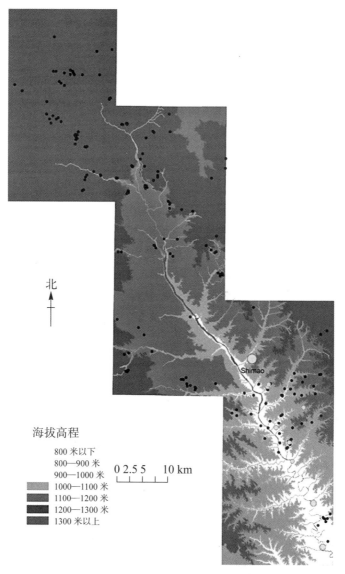

北

海拔高程

800 米以下
800—900 米
900—1000 米
1000—1100 米
1100—1200 米
1200—1300 米
1300 米以上

0 2.5 5　　10 km

Shimao

引自 Sun Z, Shao J, Liu L, et al. The first Neolithic urban center on China north Loess Plateau: The rise and fall of shimao *Archaeological Research in Asia*, 2017: 33-45

秃尾河流域 100 多处遗址，到龙山晚期已形成"众星捧月"之势不悬殊。公元前 2500 年，进入龙山时代早期，遗址规模差异逐渐显著，50 万平方米之上的遗址数量显著增多，但仍是一种多中心、对抗式的聚落分布形态。到了龙山时代晚期，以神木石峁遗址所在的黄河一级支流秃尾河流域为例，调查确认了 100 余处龙山时代的遗址，根据面积可分为三个等级。小型聚落面积在 10 万平方米以下，中型在 10 万—100 万平方米之间，大型的超过 100 万平方米，最大的就是面积超过 400 万平方米的石峁，已经形成了"众星捧月"的空间布局和类似于金字塔式的等级结构，石峁成了区域中心。

从不设防到多重城垣，史前最大石城横空出世

仰韶时代晚期，聚落周边普遍不设防，未出现防御设施。仰韶晚期后段的吴堡后寨子峁遗址位于三处独立山峁间，以下挖壕沟与砌垒的石墙作为周界构建出相对独立的空间，成为榆林地区已知最早的防御性聚落，但还不能称为城址。

龙山时代早期聚落外围开始修建石砌城垣等防御设施。例如佳县的石摞摞山遗址，面积约在 15 万平方米，有两重石墙，内城面积 3 000 多平方米，沿着山体的中下部为外城城墙，外围还有护城壕，已经形成了完善的防御系统。孙周勇研究员认为，这种改变可能与龙山时代气候逐渐变得干冷导致资源获取难度增大有关，反映出聚落之间竞争加剧，对防御的需求有所

引自张天恩、丁岩，《陕西佳县石摞摞山遗址龙山遗存发掘简报》，《考古与文物》，2016 年第 4 期

龙山早期已出现两重石墙和护城壕

增加。修建城墙需要极大的社会资源，有的显然超出了自身人口的负担能力，这暗示着当时社会具备了聚集更大范围内资源的能力，聚落间出现了支配与被支配关系。

龙山晚期，一些小型聚落也普遍有防御设施，例如面积不足 2 万平方米的神木木柱柱梁遗址，可能由于人力物力所限，未修筑石墙，周围仅修建有环壕。中型以上的聚落已经普遍开始修建石砌的城垣，而石峁这样的大型聚落已经出现了环套结构的多重石砌城垣。

石峁遗址的核心区称为皇城台，位于城内北部略偏西的位置，面积大约 8 万平方米，是宫殿区所在。内城呈东西向的横向长方形，把皇城台包裹其中，面积约 210 万平方米，城墙长度约 6 公里，整个城墙完全闭合。外城是在内城东南方向延伸出去的一道城墙，也呈东西向的横向长方形，因西部紧邻秃尾河河谷的断崖，利用了这一段天堑，城墙并不闭合，面积约 190 万平方米，城墙长度约 4 公里。现在还能在地面上看到内、外城墙的墙

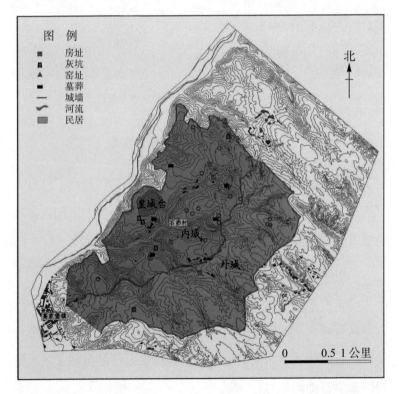

石峁遗址结构示意图，皇城台 8 万平方米，内城 210 万平方米，外城 190 万平方米

皇城台四周被阶梯状的石墙包裹起来，类似玛雅的阶梯状金字塔

体，残高在 1.5 米以上。整个城址总面积加起来超过了 400 万平方米，是目前已知的东亚地区面积最大的一座史前城址。

城防设施精巧完善，瓮城和马面的诞生提前了上千年

　　龙山早期的佳县石摞摞山遗址发掘时，发现石墙在修筑时先建有基槽，在外面还有一道护坡，反映建筑技术逐渐成熟。龙山晚期，城防设施设计和建造得更加精巧完善。

　　石峁的皇城台除了门址所在的区域外，四周都被阶梯状的石墙包裹起来，阶梯状的护坡石墙从山峁下的沟底开始修筑，高差最大处达到了 70 米，自下而上层层内收，鳞次栉比，类

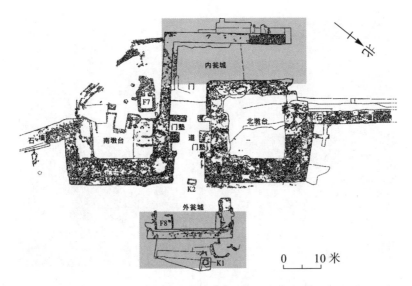

外城东门修有外瓮城和内瓮城，和后世瓮城功能接近

似玛雅的阶梯状金字塔。这样设计和修建的目的，不仅是加固山体、防止滑坡，还可能是考虑到皇城台作为宫殿所在，要确保统治者的绝对安全。

石峁的城门结构也非常复杂，已发掘的外城东门是目前国内所见最复杂的上古时代城门遗迹，城门及周围墙体上附有瓮城和马面等遗迹，系国内确认的时代最早的同类城防设施。石峁外城东门主体建筑为两座高大的墩台，墩台之间是进出的门道。门道内外两侧修建有两道石墙，即为外瓮城和内瓮城。在战争中城门往往是攻守双方争夺最激烈的区域，为了加强防御阻滞敌军进攻，防守的一方开始在城门处修筑瓮城。过去认为

马面

石峁马面与后世马面形制基本相同

瓮城于汉唐时期出现，到宋代的扬州城，内、外瓮城才成为制度。与后期瓮城的形态相比，石峁外城东门内、外瓮城形制还比较原始，但是已经具备了基本的功能。

另一个重要的城防设施是马面，是城墙上凸出的方形墩台，和城墙互为利用，能够消除城下的死角，以利于防守者在战斗中自上而下从三面对攻击的敌人进行反击。马面是等距分布的，分布的距离和当时弓箭的射程有关，在石峁发现的马面形制和晚期的马面已经非常类似了。马面的记载最早见于《墨子》，之前的考古发现在战国汉代之后的城址里才能看到这种大型城防设施，而石峁的发现把马面的出现向前追溯了一千多年。

杀戮祭祀、"藏玉于墙"和巫觋阶层，原始宗教给予精神保障

仰韶晚期聚落内基本不见占卜遗迹，墓葬发现得比较少，多见乱葬坑，死者往往被埋弃于废弃的窖穴中。在靖边的五庄果墚遗址发现有深度3米的大灰坑，层层叠叠埋有四层人骨，总数多达20具，人骨旁还有一些哺乳动物的残骸；靖边的庙梁遗址也发现有两座灰坑，一座埋有3个小孩，另一座埋有1个成年人。很多学者推测，可能和原始宗教有关。

龙山时代早期，占卜现象开始流行。到了龙山时代晚期，形式更加复杂多样，宗教可能已成为凝聚周围聚落的手段。

龙山晚期出现用人头祭祀的现象

在石峁外城东门的发掘中，发现有六处埋有人头骨的祭祀坑，这些祭祀坑均位于早期的地面之下或城墙的墙基下，应与城墙修建时的奠基或祭祀活动有关。其中最大的 K2 坑内发现有 24 具人头骨，经体质人类学鉴定，基本都是十几岁到二十几岁的年轻女性，部分头骨有明显的砍斫痕迹或创伤，个别枕骨和下颌部位有灼烧迹象。这种用人头祭祀的现象在商代也很常见，甲骨文记载有"斩人牲首"的方式。我们研究认为，石峁先民修筑城墙，是为了构筑起强大的物质屏障，而用人头进行奠基活动，可能是建立精神屏障，为居住者提供精神上的安全保障。

藏玉于墙：在石峁外城东门和皇城台均发现墙内藏有玉器

除了杀戮祭祀现象，石峁还发现有"藏玉于墙"的特殊现象。在外城东门的发掘中，在城墙的墙体以及墙基处，发现埋藏有玉器，应是在城墙修建过程中有意嵌入的。《竹书纪年》中记载，夏朝最后一个王——夏桀骄奢淫逸，"作琼室、立玉门"，这种"藏玉于石"的现象，也可能符合文献中提到的玉门和瑶台的相关记载。在皇城台的发掘中，门址、大台基等重要建筑处也多次发现玉器，有牙璧、玉钺和牙璋，牙璋在先秦时期是非常重要的玉制礼器，是王权的象征。石峁先民在建筑中放置玉器，可能和杀戮祭祀一样，寻求驱鬼辟邪功能，获得精神上的保障。

在石峁遗址内还发现有巫觋阶层存在的迹象。在皇城台发现了目前史前时期最大的一处占卜遗存，在阶梯状的护坡石墙顶部曾集中出土了一二百件占卜用的卜骨，大部分用羊或者鹿的肩胛骨制成。这是龙山时代开始北方地区常见的占卜方法，我们推测在皇城台的顶部居住着掌握祭祀权力的巫觋阶层，这

护坡石墙顶部集中出土了一二百件占卜用的卜骨

些卜骨可能是他们在使用后集中从顶部抛弃下来的。

数以万计的骨针和神秘的口簧，暗示着官营手工业的出现

仰韶晚期至龙山早期，专门的手工业遗存发现不多。靖边庙梁遗址龙山时代早期房址曾集中出土了大量的石刀和石纺轮，还有未加工成型的毛坯，推测房主很可能是当时的工匠。而从规模上看，应该还是处于家庭手工业阶段。

在石峁皇城台发掘过程中，考古队对挖出来的土仔细过筛，发现了许多动物骨骼和大量的骨器。其中数量最多的是骨针，约有 17 000 多枚，有的针加工得非常精细，针孔甚至小到只能穿过头发丝。大量的骨器集中出土在皇城台上，也暗示着皇城台顶上居住有一些掌握核心技术的工匠，但当时可能是被贵族阶层所控制，显示出龙山晚期和龙山早期简单的家庭手工业已经有了很大区别。

骨器里有一类比较特殊的骨制的口弦琴，主要由牛的肋骨加工制作。这种乐器呈长条形，长度约为 8—9 厘米，宽度约为 1 厘米，器身中间刻出一个可以拨动的簧片。这是先秦时期非常重要的一种乐器，称为"簧"，在《诗经》等文献里都有记载，成语"巧舌如簧"中的"簧"指的就是这种乐器。孙周勇研究员认为，这种乐器在当时可能是巫觋阶层进行宗教仪式时所使用的道具，也从侧面印证了当时宗教活动非常普遍。

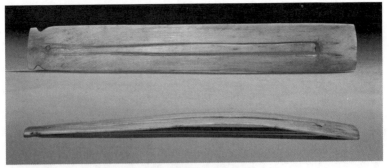

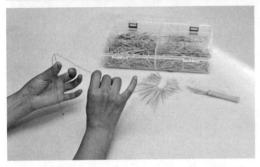

上图为"巧舌如簧"的"簧",下图中出土的骨针里,有些骨针的针眼只能穿过发丝

精美石雕刷新认识,文化因素影响深远

仰韶晚期和龙山早期本地区目前还未发现大型公共设施,龙山晚期已经出现了大型宫殿式建筑。在石峁皇城台顶部发掘出一座大型的建筑台基,平面形状近方形,边长 130 米左右,现存最高处高约 4 米,总面积超过 1.6 万平方米。台基中间为夯土,四周被石墙包砌。由于规模较大,目前仅清理出南侧的石护墙。在南护墙外侧还有一道平行石墙,中间形成了一个通道。人上来以后,必须顺着这个通道沿台基绕行才能登上台基台顶。

在长达 130 米长的南护墙上发现有 70 余件精美的石雕,由

神面类

人面类

神兽类

精美的石雕超出今人对早期艺术的认知和文明高度的判断，龙形石雕与二里头绿松石龙颇为相像

于部分墙体已坍塌，有些石雕在倒塌的堆积里，有些仍镶嵌在墙面之上。这批石雕的发现刷新了我们对龙山晚期文明高度的判断和对早期艺术的认知。石雕的内容可分神面、人面、动物、神兽等几类。神面石雕普遍体量较大，往往采用对称的构图，中间为一张完整的正脸，两边仅刻半张脸，表现的是侧脸的形象。人面的头顶上不见华丽、夸张的装饰，比较写实，有的甚至表现出胡须等细部特征，人面的出现或许代表先民自我意识的觉醒。动物大多比较写实，能够看到牛、马、蛇等动物形象。

神兽可见早期龙的形象，和二里头发现的绿松石龙非常相似。

房址结构因地而异，居者身份差异明显

仰韶时代晚期，房屋规模大致相当，普遍不超过 10 平方米；结构相似，多为利用黄土直立性掏挖的窑洞，还有少量半地穴式房址。房址中往往发现有窖穴，标志着私有财产的观念已经非常普遍。聚落内房址尽量集中在一起，连排分布，方向大致相同，如靖边庙梁遗址和横山杨界沙遗址。因不见大型房址，这种模式可称为"凝聚不向心"结构。龙山时代早期房址多为前后室相套的结构，显示对生活私密性的需求逐渐增加。房址依旧联排分布，规模相当。门道普遍较窄，宽度多在

仰韶晚期房屋大多是不超过 10 平方米的窑洞

70—80 厘米，出现了壁灶，也反映出气候的逐渐干冷。

进入龙山时代晚期，房址之间的差异愈加明显。在石峁遗址，我们发现的房址主要分为地面式、带护墙的窑洞和土窑洞三类，这三类的区分可能代表着一定的等级关系。地面式的房址主要建于皇城台周围，居住者可能与统治者有着更加密切的血缘关系，享有较高的经济和社会地位；带护墙的窑洞主要分布在内城之中；外城中的土窑洞更加简陋，居住者的社会和经济地位可能比内城居民还要低。

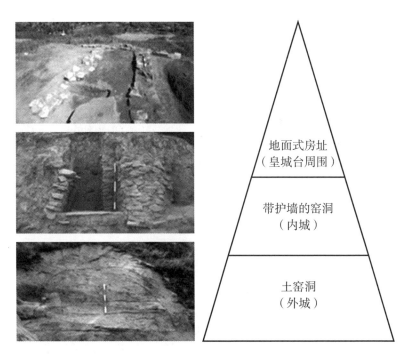

地面式、带护墙的窑洞和土窑洞三类房址，或代表着一定的等级关系

墓葬规模等级悬殊，逝者地位尊卑有别

龙山时代晚期，墓葬之间的规模差异更加明显。2022 年最新发现的大型墓葬墓室的面积往往能达到 10 平方米左右，有着丰厚的随葬品和木棺等葬具，在棺外还有殉人和殉狗。高等级墓葬普遍有壁龛，放置有成组的陶器，一些还饰有彩绘，墓主人身上佩有玉器。小型墓葬面积不足 1 平方米，仅可容身，基本不见随葬器物。墓葬规模的巨大差异也显示出了死者生前的身份地位和占有社会资源的差异。

通过以上八个方面的变化，能够清晰地反映出从公元前 3000 年至公元前 2000 年之间，陕北地区经历了一个从平等社会到复杂社会的发展过程。在财富高度集中、大型宫室及公共设施形成的过程中，聚落规模差异逐渐增大，等级分化趋势逐渐明显。聚落在发展过程中，对防御需求越来越强烈，从简单的环壕、石墙演变为多重的城垣。祭祀和占卜逐渐复杂多样，出现了掌握这一权力的巫觋阶层，宗教成为凝聚人群的重要手段。从龙山晚期开始，出现了社会阶层和权力的分化，最终形成了早期国家。

扫码聆听邸楠老师讲座精华

二里头开创广域王权国家模式，并引领后世

赵海涛*

> 二里头进入王朝时代，是中原最早的核心文化。它的出现标志着中国历史出现了大的转折，由之前的无中心的多元进入到一体化、有中心的王国时代……是中华文明总进程的核心与引领者。

刚才大家感受到了气势磅礴的石峁和礼制初成的陶寺，它们虽盛极一时，但最后都落幕了。现在，大家和我一起，走进二里头，了解一下它如何划时代地开创了中国青铜礼乐文明的辉煌，又是如何在大范围内引领后世文明进程的。

共识：确立了在中华文明时空坐标中的重要位置

二里头很多人都比较熟悉了。1959 年，著名古史学家徐

* 赵海涛，中国社会科学院考古研究所副研究员、二里头工作队队长。

旭生先生调查"夏墟"时发现了二里头，当时认为它可能是商汤的都城。同年秋天，中国（社会）科学院考古研究所就派专家开始发掘，至今已有一系列重要发现。

2018 年 5 月 28 日，国务院新闻办公室召开了"关于中华文明起源与早期发展的成果发布会"，对距今 5 800 年至 3 500 多年中国文明的主要发展历程有个总体概括——距今 5 800 年前后以红山文化为代表，一些地方出现了文明迹象；距今 5 300 年左右以良渚文化为代表，多个区域陆续进入了文明阶段；距今 3 800 年前后以二里头文化为代表，中原地区出现了更为成熟的文明形态，成为中华文明总进程的核心与引领者。

经过 60 多年的考古工作，我们可以达成两个共识：一是确立了二里头在中华文明时空坐标中的重要位置；二是确立了它在中国王朝国家形成和夏文化研究上的核心地位。

天下之中：二里头文化的地理位置

二里头在河南省洛阳市偃师区，属于广义上的中原地区。中原地区包括陕西、山西、河南等几个省份，地理条件非常优越，是中国古代主要朝代建都的场所，也是中国古代主要的政治舞台中心。

洛阳盆地更加特殊一些，面积只有 1 000 多平方公里，是一个标准的小盆地，四面环山。这 1 000 多平方公里内有 6 大都城遗址，有 1 500 多年的建筑历史，有 13 个朝代先后在此建都。

二里头最早确立了"择天之中而建都"的制度，知名的西周青铜器"何尊"铭文中有"余其宅兹中国"的表述，这个"中国"，根据文献考证就是指洛阳盆地。在《尚书》《逸周书》和《史记》里，也有周王灭商后谋建新邑的一些记载，其中"有夏之居"就是指二里头所在的天下之中：洛阳盆地。至少在周代已认为夏代是在洛阳盆地这个"天下之中"建立了都城。

之所以这么重视天下之中，是因为夏商周时期认为"天下之中"离上天最近，便于敬配皇天、祭祀神灵，也便于治理四方，便于四方诸侯向中央进贡。

根据最新的测年结果，二里头文化所处的年代是公元前1750 年到前 1520 年，这 200 多年的时间正处在中国王朝时代形成之前的龙山晚期和比较成熟的二里岗王国之间，是中国王朝时代正式形成的关键时期。

煌煌大都：二里头都邑创造的中国之最

发掘至今，在二里头的主要发现，可总结出这些中国之最：最早的城市主干道路网络和双轮车车辙、最早的方正宫城和最早的中轴线布局的宫室建筑群、最早的多进院落宫室建筑群、最早的国家级祭祀场和祭祀区、最早的官营作坊区、最早的青铜器铸造作坊和最早的绿松石器加工作坊、最早的青铜礼器群、公元前二千纪前半叶最大的聚落、最早的具有明确城市规划的大型都邑、东亚大陆最早的核心文化，而且它是同一时期唯一具有明确规划的青铜时代的大型都邑，二里头文化是东亚地区最早的核心文化。

"井"字框架规划出祭祀区、宫殿区、作坊区，已有双轮车

为什么道路是最重要的发现？

不像石峁多是石质建筑，高大巍峨、雄伟壮观，二里头的宫殿、城墙、道路都是土，但这些土具有特别重要的价值。二

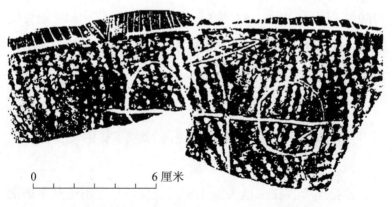

0　　　　　　6厘米

洛阳皂角树遗址陶片上的刻符，一般认为是车的造型

里头中心区的四条道路，两条南北向，两条东西向，形成了"井"字形的框架，首先具有通行功能，最重要的是具有规划功能。

在宫殿区南边的东西向道路上发现了双轮车车辙。洛阳皂角树发现的同时期陶片上面的符号，一般认为是车的造型，证明当时肯定有车。车首先是交通工具，同时也是一种礼器。目前二里头的四条道路宽度在 10—20 米，这样的宽度上发现了两道双轮车车辙，说明当时的车非常少，只有最高级贵族才可

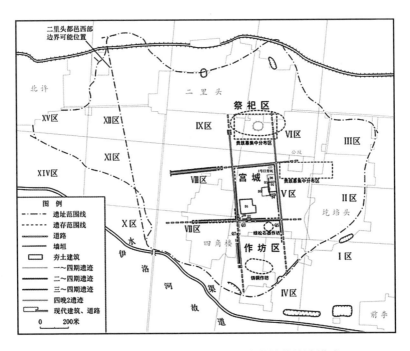

"井"字形道路的严格布局，显示出发达的统治模式

使用，所以可能是种礼器。

最重要的三个功能区在都城"井"字形网格的中路，围合空间的中心是宫殿区，从北向南依次是祭祀区、宫殿区、作坊区。中路的东西两侧分别是贵族的居住区和埋葬区，每个格子里都发现了贵族居住的房子和贵族墓葬。

这些重要的功能区都围绕着宫殿区分布，这样一种严谨、规整的格局体现出当时社会结构划分非常严格，统治秩序井然有序，说明当时有发达的统治制度和统治模式，我们认为它是体现二里头进入王朝国家的最重要标志。

在"井"字形框架的最中心是面积将近11万平方米的宫城。早期没有发现城墙，只能叫宫殿区。到了晚期出现了2米宽的夯土墙围护，才能称为宫城。

这11万平方米已发掘了2万多平方米。宫殿区是当时最高级的贵族居住区域，其中的大型夯土

11万平方米的宫城，规模宏大、形制规整，为商周等朝代继承发展

建筑规模宏大、形制规整、排列有序，说明它是当时政治和宗教权力的集中分布区，被后世商周等很多朝代继承发展，一直到明清紫禁城达到巅峰，这也是二里头引领后世文明进程的重要体现。

多进院落早期有居葬合一现象，出现绿松石龙和铜铃组合祭祀

宫殿区里有最早的多进院落宫室建筑群。多进院落是周代及以后中国宫室建筑主流，最早的源头就是二里头。目前发现早期的多进院落有两座，分别是第 3 号和第 5 号夯土建筑，二者东西并列，院子里都发现有同一时期的贵族墓葬。我们有很明确的证据证明这些宫室建筑和墓葬都是居葬合一的，即在宫殿建筑建成而且使用一段时间之后，当这些宫室的主人去世时，直接埋葬在他们当时生活的院子里，之后建筑继续使用。这是当时一种特殊的葬俗。

目前看宫殿区内这种葬俗只在早期流行，二里头早期最高等级的墓葬目前也是发现于宫殿区。

其中一座墓里出土有绿松石龙，它是早期龙形象里体量最大、制作最精美的一件。长度近 70 厘米，由 2 000 多片绿松石嵌片拼制而成，加工水平包括设计水平都非常高超，看起来活灵活现、栩栩如生。它的形象很可能来自石峁，也被后世的青铜器所继承；殷墟时期一些青铜盘里的盘龙，可能是受陶寺

在墓里出土的绿松石龙，近 70 厘米长，由 2 000 片绿松石嵌片拼制而成

与二里头文化中龙的形象的影响。铜牌饰实际上也是一种抽象的龙。

不管是铜牌饰还是这种大型的绿松石龙都和铜铃共同出现，龙和铃或是起到共同引导神灵来往天地之间的作用。《诗经》记载周王祭祀周庙"龙旗阳阳，和铃央央"，就是龙、铃共同出现，恰恰与二里头的这种现象吻合。

出现用幼猪祭祀的国家级祭祀场所，并传承至商代

晚期出现中轴线布局的四合院式建筑群，以 1 号宫殿和 2 号宫殿建筑群为代表。1 号宫殿 1 万平方米左右，四面有围

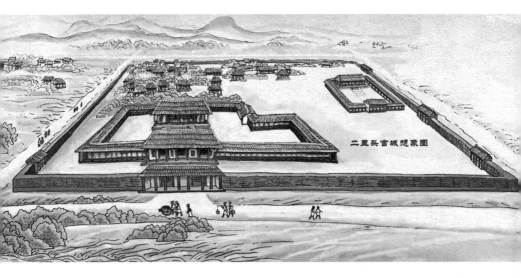

依据考古推测的二里头宫城想象图：中轴对称、四合院式，为后世所继承

墙，主殿在围墙的北部，坐北朝南。2 号也是坐北朝南，是标准的长方形。它们的前面都有一座有共同轴线的夯土建筑。这些体现出一定的规制：中轴对称、坐北朝南、四合院式，它们都被商代包括以后的宫殿建筑所继承，因此创立了中国宫殿建筑的基本范式，也是二里头对后世引领作用的重要体现。

宫殿区的北边发现有国家级的祭祀场所。一处在宫殿区以北区域约两三万平方米的范围内，里面发现一种圆形的类似于坛的遗迹，其中一座是直径 8 至 9 米的大夯土圆台，上面又挖了多个小圆坑，这些小圆坑中填有不同的土。小圆坑的分布很有规律，中间一个圆，第二圈 6 个圆，第三圈现存 11 个，实际可能是 15

发现超过 6 具的完整猪骨，为偃师商城国家级的祭祀制度找到了源头

个，但被破坏掉了。同时还有墓葬，发掘者认为是用于祭祀的坛。

另外一处是在宫殿区东北角一个 2 200 平方米的大坑，深度 4—6 米，可能是为了修建大型夯土工程比如宫城墙或者宫殿建筑而形成的大坑，形成大坑之后在坑里进行了很多种活动，包括用幼猪进行祭祀。

考古学家发掘大坑时，在 100 多平方米的范围内发现了超过 6 具的完整猪骨。这些猪骨虽然方向不同，但姿势基本都是蹄子在左边，脊背在右边，朝左侧身放置。这为了解当时的祭祀习俗和制度提供了重要资料。在偃师商城，宫城北边也有一个祭祀区，发现了数百具猪骨，这些情况与二里头基本一致，因此也为偃师商城国家级的祭祀制度找到了源头，同样证明了二里头的引领作用。

官营作坊区有围墙护卫，铸铜作坊和绿松石器加工作坊工艺成熟

官营作坊区在宫殿区南边，它的东侧和北侧都发现有围

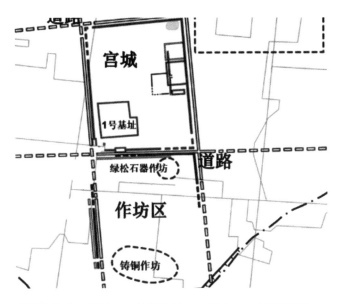

官营作坊有围墙护卫，铸铜作坊 2 万平方米，绿松石器加工
作坊 1 000 平方米

墙，围墙宽度将近 2 米，可见作坊区的重要程度。作坊区内有
面积 2 万平方米左右的铸铜作坊和超过 1 000 平方米的绿松石
器加工作坊。这两种作坊加工出来的产品也是当时最高等级的
礼仪用品。

　　绿松石加工作坊发现了一个坑，坑里出土了约 7 000 粒绿
松石料，颗粒最大的也就约 1 厘米，小的不足 2 毫米，我们还
发现有加工痕迹的小米粒大小的绿松石。经过初步研究，发现
了包括加工绿松石管、珠、嵌片的各个环节的遗物，比如原
料、毛坯、半成品、成品、废品、废料，基本可以复原当时绿

铸铜作坊里发现的陶范残片

松石器加工的整个流程。

铸铜作坊里发现多种与铸铜有关的遗迹、遗物，如陶范、坩埚、铜渣、铜料，还有加工铸铜的工具。这件陶范虽然残破得厉害，只有一小块残片，但从上面保留完整的部分来看，它有可能是铸造青铜鼎的外范。它内壁有花纹，根据它的口部复原它的直径大约有30厘米，至今为止尚未发现体量这么大的青铜器，也没有发现带有这种花纹的青铜器，也就是说二里头最高等级的墓葬尚未发现。

铜爵等青铜礼器出现，少量青铜武器和玉质兵器，体现重礼也重军权

二里头目前发现的青铜礼器有这么几类，最多的是铜爵，有16件，其余还有1件铜盉、1件铜鼎、2件铜斝、7件铜铃、3件铜牌饰，这是最早的一批青铜礼器。还有少量的青铜工具和武器，包括戈、战斧、钺等，数量比较多的是箭头。箭头虽然个头较小，但属于消耗型武器，也能说明青铜器有一定的生产能力。

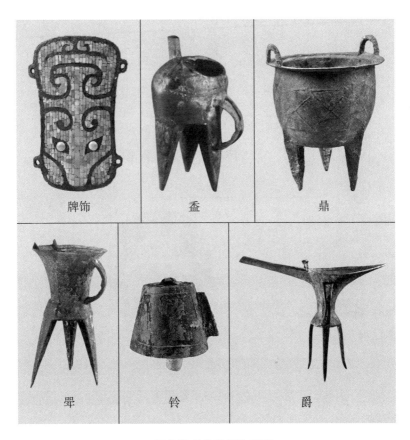

牌饰　　　　盉　　　　鼎

斝　　　　铃　　　　爵

二里头发现的青铜礼乐器

　　玉质礼器里主要有 7 类，和陶寺、石峁等文化的玉器种类有很大的不同。数量最多的是柄形器，个头相对小一些，不是最高等级的墓葬里也有。其他的 6 类兵器是玉刀、玉钺、玉戈、玉璧、玉戚、玉牙璋，这 6 类都是长方形薄片型的玉制兵器，体现出二里头时期比较重视军权。

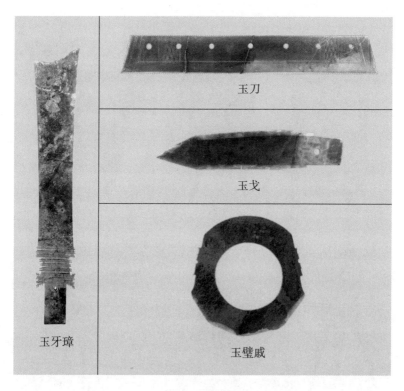

玉刀

玉戈

玉牙璋

玉璧戚

二里头的玉质礼兵器

就居住来看，从 1 万平方米的 1 号宫殿、4 000 多平方米的 2 号宫殿，到几平方米的一般的民房，显示出严格的等级制度。墓葬从规模大小、随葬品种类和数量多少、规格高低也显示出严格的等级差异。综合众多方面来看，二里头已经是一个严格的等级社会，有高度发达的文明，具有史无前例的一些创造，很多是石峁和陶寺所没有的，显示出王朝气象。

巍巍华夏：二里头文化的统治网格

二里头文化主要分布在现河南省大部分地区，东到开封，西到陕西东部，南到湖北北部，北到山西南部甚至到晋中的范围，大大突破了陶寺的分布范围，也突破了河南龙山文化的分布范围，它在一个较大范围的地域里分布。

开创了大范围广域王权国家的超级核心模式，并为后世继承

这个分布范围里从聚落规模大小和规格高低、分布位置来看，形成一个金字塔型的社会结构和"众星捧月"的分布格局，说明它有高度发达的控制网络和统治文明，处于当时整个中国的文明核心地位。

从距今5 300年开始，以良渚为代表的各地区先后进入文明阶段，又先后衰落，衰落之后那些地区没有极其发达的文明时期出现。二里头地处中原，各地人群都逐鹿中原而产生竞争，于是中原地区在自己文明发展程度的基础上又兼收并蓄，吸收了各地先进文化因素，最后出现了成熟的文明形态。

二里头文明的出现打破了龙山时代大范围内没有超越地域单元的大中心分布的情况，首次开创了大范围里广域王权国家超级核心的模式，并且被后世所继承。

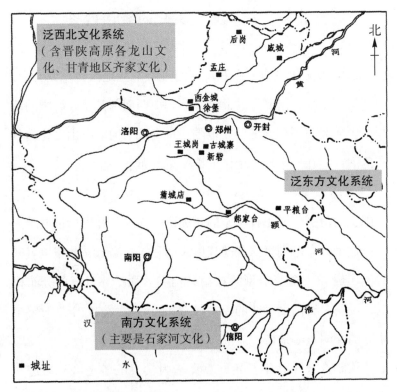

北 ↑

泛西北文化系统
（含晋陕高原各龙山文
化、甘青地区齐家文化）

后岗

戚城

黄

河

孟庄

西金城
徐堡

洛阳 ○

郑州 ○

○ 开封

王城岗 古城寨
新砦

泛东方文化系统

萧城店

郝家台

平粮台

颖

河

南阳 ○

南方文化系统
（主要是石家河文化）

汉

水

信阳

淮

河

■ 城址

引自魏兴涛，《中原龙山城址的年代与兴废原因探讨》，《华夏考古》2010 年第 1 期

龙山晚期，各地人群逐鹿中原，为二里头兼收并蓄提供条件

影响中原主体文明，且以牙璋为代表的先进文化辐射并改造周边

二里头出现之后，它的很多文明成果被后世继承。刚才提及的城市规划、宫城制度、多进院落的宫殿建筑制度、四合院式的宫殿建筑制度，在偃师商城、洹北商城包括周代都能见到它的影响。

二里头宫室

周代宫室

引自傅熹年，《傅熹年建筑史论文集》，文物出版社 1998 年版，第 41 页

四合院式宫殿建筑从二里头开始传承

在二里头之前，陶寺有铜铃，到二里头三期能铸造青铜容器。二里头的青铜容器基本的种类、形制、铸造技术，当然更包括它背后所体现出来的青铜礼乐制度，都被商代和周代所继承，奠定了商周青铜文明最重要的内涵、模式，为青铜时代开

启了序幕。二里头这些青铜容器虽然看起来比较原始、古朴，却是后世青铜文明的源头和基础。

玉器方面，二里头的因素在商代也都能见到，对后世有很强的引领作用。

二里头文化陶器，比如陶爵、甗、豆、簋、大口尊和多种罐、盆等，部分器类甚至流传至殷墟时期，形制基本是一脉相承、连续发展的。

从以上可以看出，二里头文化无论是上层建筑还是一般日用陶器，都为商文明的产生和发展奠定了最主要和最直接的基础。

除了对中原主体文明的影响，二里头对周边文化也有很多影响。在东北的赤峰地区，在长江下游的江浙一带，在四川三星堆都能见到不同种类的二里头典型器物，比如铜铃、铜牌饰，包括陶礼器。

更重要的是牙璋，二里头的牙璋有可能继承自石峁，也有可能继承自山东。它虽然不是最早的，但与之前相比，有很大的改变：大型化、龙型化、礼器化。二里头牙璋上的扉牙很可能表现的是张嘴的龙形象。石峁的牙璋发掘出土于城墙缝里，而二里头三座墓出土的四件牙璋都出现在高级贵族墓葬里，是高级贵族才能使用的礼器。

二里头牙璋向南影响了很多地区，比如在湖北、湖南、广东、福建、香港都能够见到二里头式的牙璋。一路顺着长江到了三星堆，甚至到了越南的北部。出土二里头式牙璋的地点一般只有牙璋，而没有其他二里头特征的器物，或许说明不是二里头的人过去了，而是这些地方主动学习并接受了二里头的先进文明成果和制度，说明二里头文明的传播不是靠军事征服而是其先进文化被当地所接受并改变了当地的文明进程。这些充分体现出二里头的文明程度和文明制度有着大范围的引领作用。

总体来看，二里头进入王朝时代，是中原最早的核心文化。它的出现标志着中国历史出现了大的转折，由之前的无中心的多元进入到一体化、有中心的王国时代，它创立的一系列史无前例的成果，为后来的商周文明奠定了最主要、最直接的基础，并且和商周文明一起创立了华夏礼乐文明的基本特征，是中华文明总进程的核心与引领者。

扫码聆听赵海涛老师讲座精华

附录 6：为何"满天星斗"变成了"中心引领"？

为何会从"满天星斗"到中心引领？

文汇讲堂：从早期国家而言，距今 5 000 年前后我们详细了解了良渚、南佐、牛河梁三个典型遗址，它们维持的时间有的是 1 500 年，有的是 1 000 年。今天我们又探究了黄河中上游的这三个遗址。陶寺与石峁实际上存在密切的交流，各自辉煌了约 500 年，最后都消失了，然后出现了二里头。考古界前辈对这些中心地区文明的起落有过"重瓣花朵"说、"相合作用圈"说，等等。这 20 年来考古新成果非常丰富，你们认为"满天星斗"经历起起落落，其中最重要的因素是什么？

* 文化大认同、承继、强制权力是关键

高江涛：如何从"满天星斗"最终到了二里头引领，也就是说，如何从多元到一体，即从没有中心的多元逐渐走向有中心的多元加一体，我认为有三个原因。

第一个最核心的原因是文化认同。中国的史前文化一直有"多元性"这个重要特点。由于"多元"，就要互动，文化之间频繁互动的结果很可能是文化的认同，可以称之为"大认同"。中国文化博大精深，严格来说它就是一个大的认同或者融合。在此基础上，才可能逐渐从"满天星斗"走向后者。

第二个关键原因是政治体制或上层建筑层面的国家的形成和发展。国家逐渐形成时，会在各个方面形成一个强有力的中心，表现最明显的就是距今 5 000 年到 4 000 年这 1 000 年之间。早期国家出现之后，不断地发展就会逐渐形成一个权威或者核心。尤其是到了距今 4 400 年至 4 200 年时，在黄河流域，陶寺、石峁都在逐渐加强上层建筑的强制权力，直到二里头突然形成了一个广域王权。广域王权的核心还是王权，但是它更广域了。

第三个原因也非常关键。史前的多元文明或者说文化基础上的多元文明体基本都有一个重要的特点，那就是很讲究传承。无论是陶寺、石峁还是二里头，都讲究文明的传承，这样才能逐渐地向一体化发展，这也是中国文化的基本特点。

* 走向早期国家，各地或有多条道路多种探索

邸楠： 这个问题的核心其实就是早期国家的形成。大约在距今

5 000 年到 4 000 年间，不同的区域都经历过一个社会复杂化的过程，从最初私有制、原始宗教的出现，到后来一步步形成一个强大的神权或者是王权的社会，大家都开启迈向国家的步伐。当然，各自的社会结构不同，各自的模式也不相同，最后真正成功的也就只有中原的二里头。

其他区域在迈向国家的过程中，可能由于某些内部原因或一些外部原因，都走向了消亡，这是不同模式的一个探索。具体每一种模式面对的是怎样的情况，还要根据具体的材料进行分析。走向早期国家的过程或许并不存在唯一的道路，而是有着不同的模式。

* 中原更强调等级、秩序、融合，礼乐显优势

赵海涛：确实像他们两位说的，这个问题非常大，解决起来非常难。目前为止能够观察到，这些文明体盛极一时然后又衰落了、沉寂了，这些地区也没有接着出现一个相对略弱的文明体。中国在二里头时期，可以说二里头是一枝独秀的，其他地区的文明发达程度与之相差甚远。为什么出现这种现象？一些专家认为是气候、洪水、疾病、饥荒等因素造成的，但这些都缺少确凿的证据，缺少有说服力的解释。

二里头之所以崛起，可能有几个原因。首先，它处于"天下之中"的重要位置。赵辉老师曾提出过以中原为中心的历史

趋势，像陶寺有观象台，很可能更早的时期人们都在找天下的中心，都要占据中心，往中心竞争。

其次，在竞争的过程中，中原出现一支力量，它的制度比较先进，政治文化发展水平较高。它比较注重人与人之间关系的调整，比较强调等级、秩序、融合。礼是强调秩序的，乐是强调融合的。总体来说，很多方面都体现了较为先进的制度，所以它异军突起。

至于它的衰落，原因大概与二里头晚期的气候比较干旱有关。因为考古发现二里头晚期的水井比早期的水井的水位要下降一些。也可能在它发展到末期后，制度产生了一些瓶颈，导致原有的体制很难运转下去，实力下降，出现了一些衰落的迹象，最终被商政权取代了。

＊"中"的判断基于不同知识体系和观念变化

文汇讲堂：大家谈到了"中"，良渚建城也提到了"择中而居"。陶寺认为自己在山西是天下之中，二里头在洛阳盆地，也认为自己居天下之中，在郑州的登封也有个天下之中的点，这样不是存在多个中心了吗？如何看待这个现象？

赵海涛：不同时期有不同的测绘系统与知识体系，比如说大型工程的方向，二里头的道路、宫城、宫室建筑都是南偏东 7 度左右，而距离它只有 6 公里的偃师商城、郑州商城、安阳殷墟、洹北商城、盘龙城，都是南偏西 6 度左右，说明不同的族群观测体系和知识系统是存在差别的。

高江涛： 关于"中"，刚才提到不同的文明或者不同的政权可能有自己不同的系统。我们还可以用发展的眼光来看，小时候，我以为我生活的村子就是天下之中，或许每个人都觉得自己生活的地方就是以我们为中心的。然而，关键问题是这个"中"必须是社会上大多数人认可的"中"，即意识形态里的共识。最早只是有"地中""土中"，后来又有了"天下之中"。

"中"的概念肯定有一个发展的过程。在西周之前很有可能"中"真的就在晋南。所以"中"它也是个观念，可以来回转移，可以有发展。清华大学保留的战国简《保训》中提及舜的"求中""得中"和先商上甲微的"假中""归中"，这个"中"竟然是可借、可还的，还可以选择。

因此，考虑这个问题第一要用历史发展的眼光来看，第二要从它所具有的社会普遍意义的角度来看。

如何看待考古与文献的关系？

文汇讲堂： 考古一直非常重视证据。正像刘斌老师所说，距今 8 000 年、7 000 年时要看玉器，距今 5 000 年时要看陶器，那到了距今 4 000 年时就要看青铜器。在距今 5 000 年到距今 4 000 年之际则看中聚落的布局和功能如何体现出阶级分化、社会复杂化。今天谈到古国向王国转化的考证中，大家开始引入了文献和史料，学界也有"三重证据"说，想请教一下三位学者，你们怎么看彼此关系？

* 文献更有利于解释考古发现，如"藏玉于墙"

邸楠： 在石峁的研究中，由于可参考的文献较少，这也成了一个非常薄弱的环节。传统的中国史在一定程度上是一部中原史，庞大的文献系统是以中原为中心的。在相当长的一段时间内，石峁所处的陕北地区被看作边缘区域，文献上对它的记载很少，甚至很多是不实的，这给我们的研究带来了一定困难。

将历史文献和考古材料相结合，更容易帮助我们理解和解释一些重要的考古现象，就像刚才我们谈到的，为什么石峁先民会在建筑里放置玉器？先秦文献《竹书纪年》中记载，夏朝最后一个王——夏桀"筑玉门瑶台"，真的如字面理解，拿玉器建造一个大门或者一座建筑，可能性不大。但是可以推测，石峁先民在建筑里放置玉器，可能就是对玉门瑶台的某种理解。

* 先从考古上弄清事实，以此再看能否对应和解释

赵海涛： 对于二里头时代的考古研究来说，我们首先要把考古问题弄清楚。关于夏代的文献既少又简略，而且很多是有冲突和矛盾之处的，所以仅靠文献很多问题难以解决，把文献和考古现象简单对应也很容易出问题。但是对于个别问题、个别现象，某些文献也有一定的线索作用。因此要先把考古的问题搞清楚，再把文献的问题也搞清楚，看看它们之间能否做一定程度的对应和解释。例如，我们发现二里头都城最晚期发生了大范围的变动，整个都城原来的主体要素受到破坏都毁掉了，文献中记载的夏商政权更替可能是解释这些变动最好的方案。

＊ 考古与文献有渐行渐远趋势，没记载未必不存在

高江涛： 关于文献和考古的关系，其实一定程度上首先是传统的历史研究和考古之间的关系。正像考古本身具有局限性一样，文献也有局限性。比如邸楠刚才说，先秦时期的文献是以中原地区为主而留下来的文本。当然，文献没有记载也不代表是不存在的。

第二，关于考古和文献的对应，早期学者们还提出要对考古和历史文献进行整合研究。现在随着考古的发展，二者在一定程度上反倒有点渐行渐远了。这就存在一个问题——我们如何看待文献？尤其是先秦时期的文献，是否也存在不足信、不足征的问题？因为留下来的关于先秦的记载太少了。

我认为有两个原则，一是考古学者看文献一定要看它所提

供的大的背景知识和它反映的大方面，而不要纠结于文献细节的本身。举个简单的例子，为什么上古文献记述主体是黄帝、炎帝、尧舜？我们不应太关注具体哪个遗址是哪一个人的，应多关注为何记述以某一个人为代表。这说明该时期很可能出现了所谓的政治权力的"中心"，反映了这个时期国家权力的中心正在形成。

另外，文献是逐渐由后代添枝加叶形成的，甚至有很多讹传都被加进来，这样就需要"去其水分"，还原其本来面貌。当然，说起来简单，其实难度太大了。当然，如果有足够的文献还是要相信和用好它，毕竟中国有文献，而其他一些文明基本无文献。

考古需立足于多学科，田野功夫过硬

文汇讲堂： 今天在座的各位学者都是考古学界的中流砥柱，在史前考古中多学科合力也日显重要，现在对新入行的考古人来说，需要增添哪些要素？

赵海涛： 我认为学考古的学生首先得能够沉得下心，具备过硬的田野发掘、整理功夫。考古工作首先得把田野现象挖清楚，才能真正理解考古现象的内涵、价值等问题，做好考古研究。

现在又是一个多学科发展、应用非常迅速的时期，仅有传统考古素养已无法做好考古工作了，因为考古所应用的学科、知识背景越来越多，虽然不需要样样精通，但至少要略知一二，要想到很多学科与技术应该参与、如何参与考古发掘和研究，能够解决哪些考古问题，这样才能在需要的时候用各种手段来解决考古问题。

高江涛：我们称不上什么"中流砥柱"。我赞同海涛的观点，首先，考古学科是一个很特殊的学科，它的生命力实际上就在田野，田野就是现场，最基础的现场工作技能必须合格。其次，我也期望学生不要固守已有，要敢于突破，有时老师的观点也不一定十分准确。

邸楠：考古学研究的是过去的社会，一个社会就会涉及方方面面的知识，自然科学的介入扩大了考古研究的视野，可以从有限的考古材料里获取更多的信息。石峁考古从初始阶段就立足开展多学科综合研究，包括现在我们得到的很多认识，如石峁城址存续的年代，被杀戮祭祀的这些人来自哪里，都是后来与从事自然科学的学者合作研究以后得到的答案，这也是目前和今后考古学发展的方向和热点。

附录 7：北方强国石峁被谁消灭了？
陶寺的盘龙真是龙吗？

考古材料是重要证据，但有其局限性

* 考古是基于现有材料的非确定性推测

上海会计咨询杨福兴：您刚才提到"四证"，那需要什么样的证据才可以明确得出陶寺就是尧都的定论？

高江涛：这其实还是一个典型的考古和文献对应的问题。从理论上来说，一方面，什么样的证据都不能得出明确的结论来认定陶寺就是尧都。关键"就是"两字肯定是无法确定的，即使证据再充足。我们看到的是几千年前留下来的东西，主要是以物质形态存在的，而许多上层建筑层次的、精神理念层次的东西无法留存下来。所以，多充足的文献才算是"充足"也是个问题。另一方面，也不能因为我们没有百分之百的证据，就不能推测说它是什么或者它有可能是什么。

考古学者经常会说，有十分材料说七分话，因为考古是有局限性的，我们发掘的都是留存下来的遗迹，具有片面性。当然，如果确实存在各方面、不同层次的证据，即"证据链"，一环扣一环地都指向了某一个历史记载的东西，我们还是可以适宜地下这样的结论。但是，是否要下一个十分肯定的结论，估计任何人都不会这样做。

从这个角度来说，考古学者的研究与社会的期待之间是存在差别的，甚至是有差距的。毕竟学者的研究是要有科学原则的，只有在证据充足的情况下，才可做出适当的判断。

* 考古目的之一，丰富历史内涵，活化当时场景

上海电力工作者朱伟青： 目前研究显示二里头可能是夏都，这还需要什么样的考古证据来证实？

赵海涛： 我的观点与高江涛基本一致。现在没有最关键的证据或者当时的文字，缺少百分之百下结论的证据，所以现在做这些研究只能说极有可能、最有可能。

因此，我们应当转向研究其他更重要的实际问题，例如二里头的内涵问题、王权发展模式、建筑布局和国家结构，从聚落发掘考古现象。通过多种手段的运用、多种学科的合作，去复原当时的社会生活面貌，增强历史的可信度，丰富当时的历史内涵，进一步活化当时的场景。这也是考古工作者的主要任务。

* 4 000 年左右绿洲文明文化对中国文明的影响较深

上海律师王勇：今天三位老师都讲到中国、地中、天下之中，那么同时代其他世界文明中心是不是有可比较的地方？当时的中国跟世界其他文明有没有关联性？

高江涛：同时代的世界其他文明中心如古埃及、古巴比伦、古印度（哈拉帕文明）等当然可以和我们这一时期比较，只是比较的角度是偏宏观的方面，如他们的文明发展历程（中国开始较晚）、国家的性质（神权或王权的异同）、国家运转的模式等。

实际上，距今 4 000 年左右影响中国文明较深的恰恰是中亚、西亚的一些绿洲文明文化，尤其是青铜文明，此外还有近印度地区的文明。具体到器物主要有海贝、铜器、绵羊、玛瑙等。加州大学洛杉矶分校的李旻先生称之为三大互动圈，可查相关文章。

* 墓穴的出现很可能与农业、定居有着密切关系

北京科研人陈剑超：请问墓葬制度是从什么时间开始形成的？在此之前人去世后是如何处理的？

高江涛：关于人去世后如何处理的问题，其实方式有很多，例如水葬、火葬等，最终更多呈现的是埋在地下的土坑葬、石棺葬等。从目前的材料来看，埋葬多是有坑的，如果没有墓坑、墓穴就无法知晓墓葬的形式。带墓穴、墓坑的墓葬至今约有10 000年，实际上它与农业兴起，或者说与定居生活有关。农业形成后，有稳定的定居生活，人们才会想把先人或者是去世的人安葬好。

所以，墓穴的出现很可能与农业、定居有着密切关系。墓葬安葬方式逐渐形成了墓葬制度，经过发展，会进一步形成一个含有礼器、具有礼制内涵的墓葬制度。这与文明的出现有关，大约在距今5 000年前后，甚至更早一些。到了陶寺之后，包括二里头时期形成了一种有明确礼制内涵的墓葬制度。

石峁是如何消失的？谁又来到了石峁？

* 石峁遗址里关于祭祀的遗存只有祭祀坑

包头赤峰学院历史文化专业学生赫昕楠：石峁遗址是否发现过类似"坛庙冢"的成组祭祀遗址？

邸楠：在2015年，考古队曾在石峁城外发现过一个石构的建筑，里面是一个方形的建筑，外面还有一道半月形的石墙，最初认为可能是一处祭祀遗存。后来随着发掘的深入，改变了原有的认识，认为是城外一处预警设施。现在石峁遗址里明确和祭祀相关的遗存能见到的就是人头祭祀坑，"坛庙冢"暂时还未发现。

皇城台顶上 10 000 多平方米的大台基目前只发掘了一些外围的轮廓，发现了一些精美的石雕，这个建筑是否与宗教有关，目前还无法确定。

* 朱开沟文化晚于石峁约 100 年，二者有取代关系，但源和流不尽相同

陕西西北大学学生祁翔： 石峁文化的年代下限进入夏纪年。根据报道，皇城台等地点还发现了晚于公元前 1800 年的遗存。请问石峁文化结束后，其文化和人群的流向是什么？

邸楠： 根据石峁遗址的发掘资料，公元前 1800 年是石峁城址的年代下限，使用"双鋬鬲"的原住族群基本消亡，之后一群来自北方使用"蛇纹鬲"的族群占据了这里，有学者将此类遗存称为"朱开沟文化"。

2019 年我们在皇城台顶上发现了这类"蛇纹鬲"的遗存，这个族群对石峁的一些建筑进行了破坏，又重新修了一些建筑。测年数据显示石峁发现的"蛇纹鬲"遗存大致在公元前 1600 年左右，和城址的年代下限之间大致有 100 年左右的间隔期。

从文化面貌看，两者可能属于不同的考古学文化，源和流也不尽相同。就目前的发现来看，它可能与之前的石峁文化有先后取代关系。

至于族群间是否存在亲缘关系，目前材料太少，没有直接证据。

* 石峁的消亡或与外敌入侵无关，与气候变化有关

甘肃庆阳行政干事刘继东：石峁是甘肃庆阳的，有人说石峁是被游牧民族所灭，是否有这个说法？

邸楠：石峁所处的地理位置比较特殊，位于长城的沿线，在很长一段时间内都是农耕和游牧的分界线，是气候非常敏感的一个区域。暂不排除有外敌入侵之后导致消亡的可能，但是目前考古发现没有证据支持这个观点，尚未有明确答案，我猜想可能还是与气候变化有一定的关联。

* 龙山时代变冷，生业变为半农半牧，与石峁消亡并无必然关系

陕西师范大学孔新缘：榆林地区仰韶晚期和龙山早期生业资源中对猪的利用是十分常见的，后来对牛羊的利用开始增多。这对石峁的衰落有什么影响？

邸楠： 牛羊的最早驯化不是在中国，而是在西亚，大约在距今5 000年前后进入中国的西北地区。这样重大的变化与环境的变化也有一定的关系。因为仰韶时代是气候的暖期，到了龙山时代气候逐渐变得干冷，一些聚落的生业模式也在这个阶段出现了改变。

仰韶时代以农耕为主，到了龙山时代，农业还在进行，但畜牧业比重逐渐增大，转变为半农半牧的生业模式，这种生业模式贯彻了整个龙山时代，直到石峁的消亡，牛羊增多与石峁消亡应该没有必然关系。

* 石峁马面表明战争是当时日常生活中非常重要的一部分
兰州大学博士生王奕心： 请问石峁马面的出现是不是中国最早的防御系统？

邸楠： 准确地讲，石峁发现的马面应该是中国最早发现的马面之一。随着石峁发现和确认马面之后，近年在内蒙古中南部、山西北部一些同时期遗址的发掘中，也在城墙上发现有非常成熟的马面设施，年代大多与石峁相近，甚至稍微再早一些。但基本都出现在公元前4000年前后。

现在能够确认的是，在公元前4000年前后北方地区就出现了比较成熟的马面、瓮城等城防设施，表明这一时期对防御的需求非常强烈，频繁的战争成为居民的生活常态。

* 石峁或正是一个早期文化交流的十字路口

榆林石峁管理处魏新丽： 石峁遗址与辽宁的牛河梁、夏家店石构防御型遗迹等共同构成当时中国的草原边缘地带，那么石峁遗址在欧亚草原文化交流中扮演什么角色？

邸楠： 石峁自身所处的位置十分重要，这个被称为草原边缘地带的区域，在距今4 000年前后可能正是一个早期文化交流的十字路口。石峁发现的一些比较特殊的器物，如石雕、玉器、口簧及少量青铜器，有学者就曾论述过和陶寺、二里头以及更为遥远的俄罗斯阿尔泰、西伯利亚叶尼塞河谷同类器物间的相似性，文化间的频繁交流可能正是本地区早期国家和文明诞生的催化剂。

草原边缘地带往往受气候影响较大，在早期社会，这些地区的经济模式会比较脆弱，人与资源的矛盾突出，或导致频繁的战争，这可能是本区域出现了对城防设施的极度需求的主要原因。

* 琮纹饰差异反映出石峁和良渚属于两个不同的信仰传统

武汉教师王利芬： 石峁琮很少有动物纹，皇城台出现了几种动物纹，但良渚琮有稳定的纹饰，如何理解这种琮纹饰差异？

邸楠： 石峁本身发现的玉琮很少，发现的少量玉琮可能是从别的区域流转过来的，一些玉琮还被切割进行二次改制。石峁仅有的几件玉琮，不同专家对来源的说法也不一样，有的觉得像良渚的，有的说是齐家文化的。

石峁常见的玉器类型主要有牙璋、玉刀、玉钺、玉铲、牙璧等，基本都是素面无纹饰，显示出石峁和良渚应该是两个不同的信仰传统。

石峁的动物主要是以石雕的形式表现，风格写实可以辨识的有牛、马、虎、蛇、蟾蜍等，还有一些抽象到无法辨识的石雕，这个也和良渚发现的神徽大不相同。目前我们对原始宗教的了解还是比较有限的，初步感觉石峁更像是多神教，而良渚更像是一神教。

* 青铜人面具夸张的眼部表现出原始宗教对眼睛的崇拜

上海教育领域钱新宇： 石峁出土过一目小玉人，二里头有一目青铜人面具，和我们普遍的人面有大不同，为什么会有这种情况？

邸楠： 20 世纪 70 年代曾在石峁遗址出土了一件玉人面，曾有学者考证为《山海经》记载的"一目国"，其实仔细观察，这件玉人并非一目，从发髻和嘴部造型看，表现的应该是一个人的侧脸。

印象里二里头遗址没有公布过青铜人面具，只见到绿松石牌饰，或许您说的是三星堆遗址发现的青铜人面具，这个和石峁出土石雕上的神面确实有很多相似之处，都是以人的五官为基础，进行一些夸张的表现。最夸张的是眼部，有的眼睛凸出，有的外面有大眼眶，可能是表现原始宗教对眼睛的一种崇拜。

陶寺与石峁是亲戚吗？盘龙形象有源头吗？

* 都邑性大遗址都是以本土文化为主，兼具其他区域典型文化
徐州机械博士张元越： 陶寺遗址并非单一文化，而是多元文化的重叠，那么考古当中是怎样划分的？

高江涛： 不只陶寺，所有史前的都邑性的大遗址，包括石峁、二里头，其实都存在着所谓的多元的其他区域里的典型文化因素。这是我们中华民族最大的特点，即兼收并蓄。

所谓的其他区域的文化因素，并不是指都邑遗址里仅有其他文化的因素，它的主体还是以该遗址为核心的本土文化。陶寺兼有其他不同区域，比如海岱地区、西辽河流域，甚至甘青齐家文化，也包括长江下游良渚文化和长江中游的石家河文化、肖家屋脊的因素。

更有趣的是，其他区域的文化因素还都是当地文化的典型因素，甚至标志性的器物。最近研究发现，石峁文化中同样存在属于长江中游肖家屋脊文化的特点。需要强调的是，这些都只是其他区域文化因素，而不是陶寺文化的主体和主流。

* 与凌家滩、红山的龙相比，陶寺的盘龙是三四种动物的集合体

北京文博人王晶： 陶寺四个龙盘上的龙形象与凌家滩玉龙、红山玉猪龙有什么传承关系？

高江涛： 这是个很专业的问题，与我们每个人都有关，因为我们都说自己是龙的传人。关于龙的研究有着大量的文章，有趣的是，陶寺、凌家滩、红山这三个遗址都发现了龙。

关于凌家滩的玉龙和红山的玉龙，首先，凌家滩和红山的龙都比陶寺的龙要早。现在看来，一个属于北方，另一个属于偏南地区。其次，它们有个相同点，三地从形态上来说都是盘龙。

当然，三者的差别还是比较大的，且争议也较多。例如，有学者认为凌家滩的龙确实形态丰富，但也有学者认为那是个玉虎。学者对红山的龙同样存在不同的看法。早期有先生认为是蚰蛹，农民耕地时经常会犁出蚰蛹。很明显红山龙的头部是一个猪的形象，但也有学者说是熊的形象，甚至其他各种形象。无论如何，它都是一种或者两种动物形象的展示或者展现。

但是，陶寺的龙就不是一两种动物形象的展示，它至少是三至四种动物形象的集合体。首先，它是一个蛇的形象，但同时又有鳄鱼的两排牙齿和吻部，还有方形略尖的耳朵，这可能是熊的形象。总之，陶寺的龙盘的动物形象是多种动物的集合体，二里头的龙也是典型的多种动物的集合体，商代的龙一看就是一个龙的形象。从这个角度来说，陶寺的龙更靠后期，时间上与二里头、商代如妇好墓里的龙更加接近些。

* 陶寺与石峁的文化类型属于一个大系统，但绝非同一类型

陕西考古专业本科生胡羽心：陶寺与石峁的城址在时间上近乎并存且文化类型相似，又同在陕晋豫地区且距离相对较近，是否可以通过考古材料证明二者为政治联盟甚至是同一邦国的中心聚落和次级聚落？因石峁奠基坑人头骨属于西部少数民族，所以我认为二者不大可能是敌对关系。

高江涛：陶寺与石峁共存了至少300多年。陶寺可能稍早近100年（新的测年显示陶寺早期有较多数据是距今4 400年）。二者文化类型不同，若从我们以前常说的"鼎系统"和"鬲系统"的角度出发，可以理解为属于一个大的系统，但绝非同一类型。

二者地域并不近，陶寺离豫西甚至中原腹地较近，陶寺严格来说还是属于盆地（平原）文明，而非高原文明。二者不可能是同一邦国，当然可能存在联盟关系。无论是联盟还是敌对，在考古上很难实证，可以适当合理推测。

邱楠：石峁外城东门人头坑中的头骨曾做过体质人类学和锶同位素的测定，显示并不是本地居民，也不是西北居民，而是来自今天东北地区，和夏家店下层文化接近，显示出石峁和周围存在远距离的文化交流，可能是在战争中掳掠或者是贸易中获取的人口。

石峁的西北方同时代的是齐家文化，石峁发现有很多带双耳的陶器，大型墓葬里棺外有侧身屈肢的殉人，这些都可能是受到齐家文化的影响。

二里头文化还有什么辐射到外围？

* 二里头文化四期晚段的鬲，具有北方文化特征

西北大学硕士祁翔：石峁与二里头，除了牙璋等玉器和绿松石龙形象显示二者关系紧密外，还有没有其他例证？

赵海涛：还有二里头文化四期晚段的鬲，其高领、花边，具有北方文化特征。是否与石峁有关系、发生关系的路径，都有待深入探索。

* 二里头铸铜技术为商周青铜文明奠定了最重要的基础

深圳投资人何仁： 二里头除了牙璋的辐射影响之外，是否还存在对外围区域和后世的铜器形制的影响？

赵海涛： 二里头文化晚期铸铜技术进一步发展，可以造出更大型、复杂的容器，形成了以爵、斝、盉、鼎、钺为主的青铜礼器组合，成为象征高级贵族等级身份的最重要标志。

在铸造技术，青铜礼器的基本器类、器形风格、功能以及青铜礼乐制度的基本内涵等方面，二里头青铜文明为后世辉煌、发达的商周青铜文明奠定了最重要和最直接的基础，并通过商周王朝的扩展与发展，形成了华夏礼乐文化，奠定了古代"中国"的基础。

后　记

　　《万年中国》是文汇讲堂第七本主题演讲汇编了。如果不是多个出版社的热情与东方出版中心的执着，激活了忙碌运转中的我们的策划初心，这本书多半会与读者遗憾地失之交臂。

　　翻翻日历，距离上一次出版《大国坚守》竟已过去了整整四年，而"大国外交系列"演讲的场面依然历历在目。中间隔着难忘的三年，《万年中国》母稿来源的讲座举办于三年之尾，其实也是向守望相助的听友和学者的一个真诚的致敬、一个温暖的拥抱、一次砥砺的加油。

　　回首全面负责文汇讲堂的 15 个春秋，仿佛被哈利·波特的魔杖所控，仿佛穿上了红舞鞋，总有一个声音、一群目光在推着我们不知疲倦地朝前走。细细想来，感性实践背后的理性支撑是为了用户（读者、观众、听友）丰富的精神生活，《文汇报》自觉供给了文化公共产品，其动力、质量、形式都在良性互动中与时俱进。

与考古的结缘，要回溯到 2015 年聆听中国社科院考古所的许宏研究员讲解二里头的挖掘，当时他夸奖文汇讲堂撰写的第三人称观点稿，要比他所讲更清晰。在去年三星堆挖掘热闹之际，7 月在线上聆听并采写了中国人民大学历史学院韩建业教授的考古讲座，深深诧异：中华文明探源工程已经获得如此之多的成果！在些许愧疚中，我迅速补课，于是就有了请韩建业做学术顾问的"中华文明起源与形成跨年四讲"的策划，时间定在当年的 11 月至来年的 1 月，每期 3 位学者，四期共12 位，后来不少听友惊呼演讲学者阵容近乎考古一线的"梦之队"。为了差异化表达并且讲深讲透，我们选取了文明起源的 8 000 年前、文明加速形成的 5 000 年前、文明形成并特点凸显的 4 000 年前这三个阶段作为三讲，同时设计了跨学科视角、理论切入和探源工程成果"文明形成"的中国方案等内容作为第一讲，为这组讲座定了基调。每一期也是马克思主义中国化时代化新境界中与中国传统优秀文化结合的生动注脚。

热点问题的学术解读平台，是文汇讲堂进入新世纪第二个十年后的定位；让大家走向大家，则是讲堂开办至今的形式和宗旨，所以，讲堂既是一个生产公共产品的内容单位，也是一个分享更多精神产品的公共平台。因此，在报社的支持下，我们也解放思想，首次和同行媒体——澎湃新闻网下的澎湃研究所合作，以强强联手之势，将四期讲座更大程度地推向了社会公众。

由于线上讲座技术的成熟推进，我们的四次线上跨年讲座取得了意想不到的效果——听友来自 25 个省市自治区，一半以上是来自全国各地的听友，35% 是博物馆、考古主题公园、各大高校文博专业以及各级考古系统的专业和准专业听友。是观众的热情激发了我们更多的服务手段和灵感，比如每一期的关联预热视频和文章、每期考古知识点的自测、闭幕式延请南京民乐团演奏家于东波用复制的千年骨笛演奏、征集各类文创产品奖励给各地的观众骨干，最后澎湃新闻网还给每位学者制作了演讲片段视频，和观众回访稿一同刊发。讲堂颇花功夫实名制建立的微信群内，形成了踊跃的互学互鉴高潮，讲座结束半年多后，听众还在源源不断地分享各类考古新信息。

因此，这组讲座的多种溢出，更确切地说，是讲堂善用嘉宾和观众的双向赋能，让彼此浸润在中华民族优秀传统文化的氛围里，在润物细无声中增强了文化自信，尤其给塑造中华现代文明增添了动力。而书这种慢形式的再重构，将坐标的昨日、今日、未来作了叠加。

科技的加持、复兴的使命，让身处百年未有之变局中的中国人尤其辛劳和刻苦，既席不暇暖又时不我待。2014—2015

年，文汇讲堂的"哲学季""文学季""历史季"曾轰动一时。张汝伦教授动情地回忆，他在安徽牛棚里忘情阅读黑格尔的《小逻辑》，并对儿子说，"这么好的东西，我怎么能不分享给你？"那一幕时常浮现于眼前并成为动力，讲堂虽然也只能在众多平台中贡献一份力量，但我们对自身可能存在的启发作用依然心向往之，邀您继续共同前行。

李 念

文汇讲堂工作室主任

2023 年 7 月 31 日